Tro och förnuft

Gunnar Bjarne

Tro och förnuft

BOOKS ON DEMAND

Omslag: Gunnar Bjarne

© Gunnar Bjarne, 2019
Förlag: BoD – Books on Demand, Stockholm, Sverige
Tryck: BoD – Books on Demand, Norderstedt, Tyskland
ISBN 978 91 7699 850 2

INNEHÅLL

Tro och förnuft. Inte detsamma som tro och vetande, som filosofiprofessorn Ingemar Hedenius hade som titel på en tankeväckande bok. Tro och vetande är två oförenliga saker, men tro och förnuft kan ha anknytning till varann. Man kan tro att Gud skapade världen. Man kan veta att universums tillkomst har med energi och 'the big bang' att göra. Men man kan inte veta hur energin kom till. Vetandet har sina gränser, det når aldrig utanför det förklaringsbara.

Detta är något som förnuftet inser. Med sitt förnuft kan man inse att energins tillkomst inte går att förklara men att det måste ha funnits energi före the big bang. Möjligen tillsammans med någonting annat, som man inte kan veta något som helst om. Men förnuftet inser att detta något ändå *kan* ha funnits, att det kan ha varit förknippat med något slags evig intelligens, och att den intelligensen bland annat kan vara detsamma som den livets intelligens som man anar bakom morotsfröets förmåga att omvandla jord till morot, den ettåriga svalans förmåga att orientera sig från Transvaal i Sydafrika till födelseboet i skogslandet Sverige och naturens alla andra märkvärdigheter. Ursprungets intelligens, varandets intelligens. Vetandet har inget ord för den intelligensen, men förnuftet kan godta ordet 'gud'.

Och varför inte? Med förnuftets hjälp kan man inse att man inte kan *veta* något om den gudomliga intelligensen. Vetandet står utanför allt som inte kan uppfattas av mänskliga sinnen, men förnuftet inser att begreppet 'gud' för den skull inte kan avfärdas som en orimlighet. Må vara att Bibeln och Koranen och andra religiösa urkunder inte kan vara dikterade av en gudom, men förnuftet inser att om den gudomliga intelligensen finns i och kring allt levande har den kanske kunnat uppfattas som ingivelser, som mer eller mindre blandade med mänskliga tankar blivit byggbitar i av människor formulerade religioner.

Det har blivit berättelser om dem som betraktats som gudainspirerade, och det har blivit dogmer. Det dogmdominerade i urkunderna har lett till dogmmoral och dömande. Förnuftet inser att det inte kan vara guden som dömer, och att de av människor författade urkunderna skymmer bilden av den gudomliga intelligensen.

Möjligen gudainspirerade berättelser och dogmer således, men inte gudadikterade.

Viktigt att hålla i minnet. Gamla testamentet börjar med myter från skapelsen och framåt och blir historiskt trovärdigt först efter den egyptiska fångenskapen. Tio Guds bud är en realitet, men deras tillkomst är sagoaktig. Nya testamentets berättelser skrevs ner fyrtio till sjuttio år efter Jesu död, av författare som i den mån de sett och hört Jesus och fått starka andliga upplevelser av honom inte kunde ha helt klara minnesbilder av det som de skrev om.

Saga och sanning.

Trots allt uppfattar jag mig ändå som kristen, och det är kärleksbudet som håller mig kvar i min barndoms religion. Men jag förstår dem som stöts bort av dogmerna, och i kapitlen om religioner har jag försökt beskriva dessa med kritisk men ändå förstående blick. Jag inser att jag inte kan veta vad den gudomliga avsikten med människans utveckling har varit, men jag kan tänka mig att tankeförmågan har varit det viktigaste, förståndet, förmågan att skilja mellan gott och ont, rätt och fel. Lydnaden av dogmer, lagar och paragrafer får inte utesluta eget reflekterande. Oreflekterad lydnad leder till fördummande. I kapitlet 'Ondska' har jag antytt att paragraflydnad i rättssalar kan orsaka fördärvliga domar, att orderlydnad i krig kan betyda meningslöst förödande bombningar och att lydigt fördömande av ras- och religionstillhörighet kan leda till Auschwitz och andra mänskliga helveten.

Den gudomliga intelligensen ger människan rätt att använda sina själsliga anlag efter eget förstånd. Oreflekterad dogmlydnad kan inte vara vad hen önskar, snarare eget moraliskt beslutande. Men hur ska människan få veta vad hennes gud vill om hon inte säkert kan få reda på det i de skrivna urkunderna och om hennes egen intelligens är alltför mänskligt ofullkomlig? Många djupt tänkande personer har insett att det är just det begränsade mänskliga tänkandet som är det hindersamma, och de har under meditation försökt koppla bort tänkandet för att öppna för det gudomliga. I några kapitel har jag antytt vad Mäster Eckhardt, Dag Hammarskjöld, kväkarna och Initiatives of change har gjort därvidlag.

Själv tycker jag mig ha fått en aning om vad jag kallar livets intelligens genom att tänka på morotsfröets förmåga att av enbart jord få till den färdiga morotens utseende och ingredienser och på svalans förmåga att orientera sig från Transvaal till födelseboet i Sverige. I de sista kapitlen har jag försökt förklara det oförklarliga i dessa naturens under. Det oförklarliga som kan ge en lycklig aning om den gudomliga intelligensen.

Schubertiana. Sammanhörande med Schubert. Vänner kring pianot, impromptun, lieder, vemod, glädje. Den ofullbordade symfonin, det ofullbordade livet – men så mycket han ändå hann med under de trettioett åren! Så mycket som talade till hjärtat – Ave Maria, Döden och flickan, stråkkvintetten – så mycket som lyfte sinnet till högre rymder. Var fick han allt ifrån?

Tranströmeriana. Södermalm, morfar som var lots, Runmarö, Östersjöar. Psykolog i Västerås, poet i hela Sverige och världen. Pianist och älskare av Schuberts musik. Strokedrabbad, högerförlamad, vänstersinnad. *Sanningsbarriären* heter en av hans diktsamlingar. Schubertiana är där en central dikt.

Man förflyttas till USA, till en utsiktspunkt utanför New York där man ser mångmiljonstaden som en spiralgalax från sidan med det moderna samhällets alla tillbehör och med människor jagade av hets och stress och trafikens buller. Men någonstans i detta materiella överflöd vet poeten att någonting helt annat får plats. Det är Schubert som spelas med stråkar och *"för någon är de tonerna verkligare än allt det andra"*.

Människohjärnans ändlösa vidder är hopskrynklade till en knytnäves storlek.
I april återvänder svalan till sitt fjolårsbo under takrännan på just den ladan i just den socknen.
Hon flyger från Transvaal, passerar ekvatorn, flyger under sex veckor över två kontinenter, styr mot just denna försvinnande prick i landmassan.

Inget är så förunderligt som livet i alla dess former. Ju äldre jag blir desto mer fascinerar det mig. Och det fascinerade tydligen också Tomas Tranströmer. Människohjärnans hopskrynklade oändlighet med dess förråd av scenerier från hela livet och minnen av böcker och konst- och musikverk. När jag till exempel hör Schuberts nionde symfoni, som jag i Akademiska Kapellet i Uppsala var med och spelade 1950, kan jag följa med i varje takt, varje insats och kan höra andrafiolernas rytmiska tilleritamtilleritam i sista satsen. Vad fordras inte av hjärnkompetens för bara det? Och vad fordras inte av intelligens för att svalan nere i Transvaal ska veta när det är dags att flytta igen och vart den ska flytta och hur den ska hitta till just den ladan i just den socknen? Vad minns en svala av detaljer i en sexhundra mil lång resa? Vad skulle en människa minnas, om hon hade förmågan att flyga så långt, efter att under större delen av resan ha varit innesluten i en tusenmannaflock?

Och han som fångar upp signalerna från ett liv i några ganska vanliga ackord av fem stråkar
han som får en flod att strömma genom ett nålsöga är en tjock yngre herre från Wien, av vännerna kallad "Svampen", som sov med glasögonen på
och ställde sig punktligt vid skrivpulpeten om morgonen,
varvid notskriftens underbara tusenfotingar satte sig i rörelse.

Adagiot i Schuberts stråkkvintett, som jag först tyckte var lite väl entonigt men som jag genom åren kommit att älska. Det geniala i det enkla, det gränslöst vida som får rum på ett notpapper, det storslagna som inte har något att göra med synintrycket av en tjock glasögonprydd yngre herre från Wien.

Wien, kejsarstaden, Haydns, Mozarts, Beethovens, Schuberts och Mahlers stad. Heiligenstadt, den helgade staden, där döva kan sjunga som änglar och där en tjock glasögonprydd herre kan spela så att åhörarna lyfter från sina stolar och flyger omkring som änglar.

De fem stråkarna spelar. Jag går hem genom ljumma skogar
med marken fjädrande under mig
Kryper ihop som en ofödd, somnar, rullar viktlös in i framtiden,
känner plötsligt att växterna har tankar.

Musiken som fyller själen. Stadsgatorna förvandlas till skogsstigar, asfalten får en bädd av blåbärs- och lingonris. Man är lika oförstörd som det nyfödda barnet, man är ett med naturen.

Så mycket vi måste lita på för att leva vår dagliga dag utan att
   sjunka genom jorden!
– – –
Men ingenting av det där är egentligen värt vårt förtroende.
De fem stråkarna säger att vi kan lita på någonting annat.
På vad? På någonting annat, och de följer oss en bit på väg dit.
Som när ljuset slocknar i trappan och handen följer – med förtro-
   ende – den blinda ledstången som hittar i mörkret.

Vi som bor i Sverige lever i en trygg verklighet. Vi kan reta oss på att bussen kommer fem minuter för sent och att tidningarna skriver elakt nedsättande om det politiska parti som vi sympatiserar med. Om söndagstidningen med det efterlängtade korsordet uteblir kan vi bli oerhört besvikna. Vi får anstränga oss lite för att köpa och få hem den mat vi behöver. Men det mesta fungerar som det ska, man kan få voltaren på apoteket när artroshöften smärtar och man kan få se kungliga bröllop på TV. Man slipper vara rädd för att det ska ligga en bomb i brevlådan. Man kan lita på poliser och läkare och tandläkare.

Ändå kan man känna en inre oro. Särskilt på äldre dar när syskon och vänner och bekanta fått altzheimer eller parkinson och dött och blivit till aska i urnor, och när tekniken utvecklas så att man inte hinner med och när marknaden bestämmer hur allting (inklusive musik) ska värderas, då kan man gripas av ångest inför mänsklighetens buskörning i mångtusenåriga trädgårdar, och då känns det inte roligt att leva.

Men om jag släpper upp rullgardinen och tittar ut genom fönstret ser jag det gamla äppelträdet som efter allt regnande grönskar som aldrig förr. Småfåglarna far ut och in genom grenverket, och en svala svirrar förbi. Kanske har den sitt bo under takrännan på Östmans uthus. Den ska över två skogsbackar, men den hittar. Den har hittat över savanner och skogar och hav från Transvaal över Afrika och Europa. Den har lockats och väglett av något, om det har varit Schuberts musik eller om det har varit någonting annat, och den har hittat.

Vi tränger ihop oss framför pianot och spelar med fyra händer i
*   f-moll*
– – –
Men de som sneglar avundsjukt på handlingens män – – –
de känner inte igen sig här.
Och de många som köper och säljer människor och tror att alla kan
*   köpas, de känner inte igen sig här.*
Inte deras musik. Den långa melodin som är sig själv i alla för-
*   vandlingar, ibland glittrande och vek, ibland skrovlig och stark,*
*   snigelspår och stålwire.*
Det envisa gnolandet som följer oss nu
uppför
djupen.

Jag har aldrig spelat Schubert fyrhändigt, men ensam vid pianot har jag gärna spelat hans musik. Nu är jag för gammal, ögonen hittar inte alltid rätt i noterna, och skoliosryggen och artroshöften säger ifrån. Men i yngre dar gick det hjälpligt att spela impromptuna och moment musicalerna så att anslag och tempo och förhållandet mellan melodi och ackompanjemang blev acceptabelt. Jag hade det schubertska i huvudet och hörde inte bara det jag själv åstadkom. Jag mådde kolossalt bra. Detta var något som de som stängde sina fönster för att slippa höra inte kunde förstå. Och de marknadens tjänare som inhöstar hundra gånger mer på släppta plattor än på sålda noter var ännu mer oförstående. Schubert? Hur mycket kan man tjäna på honom? Hur mycket kan man tjäna på musik som inte reklamen intresserar sig för? Hur mycket penningskrammel kan det bli av musik som inte hetsar upp massorna till extas?

Pengar väger. Penningsamhället tyngs av allt som måste vägas för att få rätt värde. Men Schuberts musik, hur allvarlig den än är, tynger inte sinnet. Den vidgar, den gör tunga känslor lätta. Den tar all plats i själen, den lämnar inget utrymme för pengar, makt och stridigheter. Den lyfter uppför stupen.

Man behöver inte vara religiös för att uppleva detta. Jag har känt flera musikälskare som tvivlat på Gud men som lyfts till gudomliga höjder av musiken. Filosofiprofessorn Ingemar Hedenius var en av dem. För honom existerade ingen gud, han skilde mellan tro och vetande. Schuberts musik gav honom känslor som var helt skilda från förnuftet, men det störde honom inte. Han inte bara trodde att den var underbar, han visste det. Schubert var ett geni!

Men om någon hade frågat honom vad det var som gjorde Schubert till ett geni, då skulle han kanske inte ha ett för honom själv tillfredsställande svar till hands. Vad är det som skiljer genialisk musik och konst från det normalt berömvärda? Vad är det som skiljer Schuberts musik från musikfestivallåtar? Vad är det som skiljer Rembrandts konst från normalbegåvade konstnärers? Vad är det som skiljer ett solbelyst landskap från samma landskap en mulen dag? Hur stor är skillnaden i ljusintensitet mellan det solbelysta och det skuggade i naturen? Hur stor kan den bli i en konstnärs avbildning?

De fem stråkarna i Schuberts stråkkvintett vill säga oss att det finns någonting annat.

TRO OCH VETANDE

'Tro och vetande' var titeln på en bok som hårt kritiserade den kristna läran och som orsakade mycken debatt under åren omkring 1950. Författaren, filosofiprofessorn Ingemar Hedenius, var inte bara vän av vishet (philos: vän, sophia: vishet) utan också av visshet. Det som står skrivet i en religiös urkund kan inte vara sant och trovärdigt i allt som går att kontrollera med mänskligt förstånd, menade han. I evangelierna uppfattade han det mesta som alltför intellektuellt ohållbart för att kunna accepteras som lärokällor.

Vid den tiden lät jag mig påverkas av tro-och-vetande-författaren. Jag var uppväxt i ett kristet hem och vand vid kristna tänkesätt, men nu öppnades mitt sinne för det som framstod som orimligheter i bibeltexterna. Jag förlorade väl inte min kristna tro, men religionen blev för lång tid framåt likgiltig för mig. Det var ju också det att jag kände Ingemar Hedenius. Inte som nära vän, men som kamrat i Akademiska Kapellet, där han spelade flöjt och jag andrafiol och där vi satt vid samma bord under supéerna på Musicum efter konserterna.

Jag minns honom som en trevlig man, präglad av kultur. Hans musikalitet var kopplad till känsla för kultur överhuvudtaget. I fråga om den kristna kyrkan var det inte andakten i kyrkorummet han kritiserade. Det var inte de starka känslorna som framkallades av orgel- och körmusik som han gjorde narr av. Tvärtom. Han kände min svåger, organisten och tonsättaren Lars Edlund, och ville vara vän med honom, trots att Lars var troende kristen och hade konverterat till katolicismen. Det kanske rentav var just detta som ingav sympati, att Lars sökte sig till den kristna miljö där den medeltids-, renässans- och barockdominerade musiken fick prägla gudstjänsterna och där arkitektur och musik fick skapa en andaktskänsla som inte stördes av det latinska mässandet. Gärna kyrkomusik, den ingav sköna känslor. Gärna trevliga människor som man kunde andas annan luft än den akademiska med.

Men naturligtvis också gärna människor som oavsett trevlighet var inspirerande att diskutera med.

Jag har inget klart minne av hur Hedenius argumenterade i 'Tro och vetande', men jag kan tänka mig frågor som han ställde till sina meningsmotståndare. "Ska man tro att Jesus var både människa och gud?" kunde han kanske börja med. För att fortsätta med följdfrågor: "Om Gud var den ende guden, var då Jesus i egenskap av son en fristående del av honom? Hade Jesus som förkroppsligad del av Gud samma allvishet som fadern? Satt denna allvishet i hjärnan, eller var satt den? Om han själv var gud och allvis, vad innebar det att han bad till Gud och ställde frågor till honom? Om han visste att han var en odödlig gud, varför kände han då ångest i Getsemane?"

Det blev svårt att svara på alla Hedenius frågor, men när argumenten tröt hade man alltid det fundamentala att ta till: "Vi har vår tro."

"Och vad tror ni på?" kunde han fråga och fick av de flesta svaret:

"På Kristus som världens frälsare."

"Menar ni att Jesus dog på korset för att ta på sig straffet för människornas synder?"

"Ja." Ett tveksamt ja som behövde en komplettering. "Men inte bara det. Det viktigaste var att han lärde oss hurdan Gud är. Inte en hård och straffande gud som man är rädd för, utan en kärleksfull gud som bara vill oss väl."

"Alla?" Här kan man tänka sig att Hedenius log ett sardoniskt leende. "En kärleksfull gud som vill alla väl? Hur förklarar ni då det här som ofta citeras i evangeliet: 'Så älskade Gud världen att han gav den sin ende son, för att de som tror på honom inte skall gå under utan ha evigt liv.' Inte alla således, bara de som tror på Gud. Och lyssna nu noga: 'Den som tror på sonen har evigt liv. Men den som vägrar att tro på sonen skall inte se livet, utan Guds vrede blir kvar över honom.' Vad säger ni om det? Vad kan det betyda att inte se livet? Vad kan det innebära att fastän död vara evigt medveten om att Gud hatar en?"

Mummel från de troende.

"Hatad av den gud som älskar alla människor. Vad är man då? Ickemänniska? Råtta? Lus?"

Viskningar om att Bibeln inte ska läsas på det viset.

Men Hedenius tyckte att det är just det man ska göra. Bibeln är inte skriven av poeter som har svårtydda metaforer som uttrycksmedel. Den är skriven för att kunna förstås av alla läsare. Man ska kunna läsa den mening för mening, sats för sats, ord för ord. Det är ingen tillfällighet att orden i evangelierna i bästa möjliga tankeöverensstämmande översättning står kvar efter alla år och att de i valda bitar citeras som om de vore Guds ord. Det finns i kyrkan en vilja att allt i evangelierna ska uppfattas som Guds ord. Därför är det viktigt att noga granska allt som sägs vara Guds ord och att väga det på det sunda förnuftets våg. Hedenius kunde fråga de bibeltrogna: "Varför ska den som vägrar att tro på Jesus som Guds son vara mindre värd i Guds ögon än den som tror utan att tänka?"

Mummel från biskoparna om att man naturligtvis måste få använda det förnuft man begåvats med och tänka som man vill.

Här kunde Hedenius dra fram ett trumfkort. "Låt oss då tänka som vi vill om Judas", kanske han sade. "Inte för att Judas hade sin egen tro om Jesus, utan därför att Jesus inte trodde på honom som en god lärjunge. Redan långt före den ödesdigra påskveckan hade mästaren sagt: 'Har jag inte själv valt ut er tolv? Och ändå är en av er en djävul.' På skärtorsdagskvällen klargjorde han att Judas skulle förråda honom och uppmanade denne att gå och göra vad han skulle. Och när Judas lomat iväg, förklarade han: 'Ve den människa genom vilken människosonen blir förrådd. Det hade varit bättre för den människan om hon aldrig hade blivit född.' Hårda ord, inte sant, av den som var son till kärlekens gud och som uppmanade bristfälliga människor att älska sin nästa som sig själv. Var det att visa kärlek till sin nästa att behandla Judas på det viset?"

Svårt att vara biskop när man får sådana frågor. Suckar och grimaser kan man tänka, men inget svar.

Hedenius gick på. "Hur tror ni det skulle vara att i tre års tid tillhöra Jesu närmaste sällskap? Om Jesus var den allt älskande gudens son borde han väl med sin personlighet och sitt sätt att visa kärlek och förståelse påverka sin omgivning på ett väldigt positivt sätt. Det måste vara härligt att tillhöra hans närmaste vänner. Även för Judas. Jesus hade inte visat någon misstro mot honom, tvärtom, han hade givit honom förtroendet att ha hand om gruppens kassa. Judas måste ha känt sig hedrad och han måste ha utvecklats till en allt bättre människa. En alltmer lugn och lycklig och sunt tänkande människa."

Biskopliga harklingar. "Ja. Jo. Jo visst."

"Och Jesus hade förmågan att se igenom andra människor, se deras behov, stärka dem, utveckla dem. Eller hur?"

"Ja. Naturligtvis."

"Varför utvecklades då Judas i Jesu sällskap till den avskyvärda förrädare som han påstods vara?"

Hopdragna läppar, huvudskakningar.

"Varför hindrade inte Jesus honom från att göra det onda som enligt Dante förpassade honom till Djävulens gap i Inferno?"

Upprörda miner. Läppar som letade efter ord.

"Kunde inte Jesus ha lugnat honom med att säga att han inte behövde pekas ut? Han var en känd person. Efter det bejublade intåget i Jerusalem var han välkänd inte bara av dem som älskade honom utan också av dem som avskydde honom för att han kallade sig Guds son. Fram till torsdagen hade han rört sig bland människorna på det sätt som var typiskt för honom. Få var så välkända som Jesus. Med sin lysande karisma skulle han väl även i Getsemane, där han tillbringade natten, kännas igen i lärjungekretsen utan att behöva identifieras med en kyss. På frågan 'Vem av er är Jesus?' skulle han ha stigit fram. Varför betedde han sig som han gjorde? Varför ville han framställa Judas som en skurk? Om han var så kärleksfull som han försäkrat, varför visade han inte att han älskade även Judas?"

Någon biskop harklade fram att Jesus hade sina skäl. En annan fick ur sig: "Vad kunde han göra? Det var ju förutbestämt."

Hedenius hade drivit det dit han ville. "Fri att handla som han ville. Förutbestämt av en gudavilja. Fri och bunden. Motsatsernas samverkan. I sanning gudomligt. Jesus som gudens son utan egen vilja och blott och bart ett redskap för det allt älskande gudomliga som ville göra Judas till boven i ett korsfästelsedrama."

Här kan man tänka sig ett vredesutbrott från någon biskop: "Var lagom ironisk, professorn! Må vara att Judas för eftervärlden kommit att te sig som en av Gud hatad avskyvärd förrädare. Men vi måste ha klart för oss att det skrivna i evangelier och brev och predikningar inte varit dikterat av Gud utan att det har prägel av mänskliga ofullkomligheter. De som skrev ner berättelserna om Jesus fyrtio till sjuttio år efter hans död måste ha sett Jesus i ett minnesdis. Men observera: inte som en mörk figur utan som en ljusgestalt med en utstrålning som överträffade allt annat. Vad det mänskliga minnet förvanskat får inte bli det viktiga när det gäller Jesus. Det vi ska ta till oss måste vara det sanna och ursprungliga som vi kan ana i ljusskenet."

"Aning, gissning." Ett syrligt leende på Hedenius läppar. "Något som kan vara vad som helst."

Aning. Bara en aning. Inte detsamma som vetande. Inte något som imponerade på Hedenius. Men som jag ser det något för förnuftet att granska.

Sanningen kan bara anas i ett diffust sken. En bild av det för människan svårförklarliga. Det gudomliga kan inte beskrivas rättvisande, inte heller Jesus, eftersom han var Guds son.

Om han nu var det, som Ingemar Hedenius skulle tänka. Och om Gud Skaparen var och är en realitet och inte en mänsklig skapelse, frammanad av ett auktoritetsbehov.

Aningen av Kristus i ett ljussken. Evangelierna skrivna av människor.

Det ena kan man tro, det andra kan man veta.

*

Tro och vetande.

Inte riktigt detsamma som tro och förnuft. Ingemar Hedenius hade både vetande och förnuft. Han använde sitt förnuft för att ställa vetandet mot tron.

Vetande, ungefär detsamma som ett lexikon att hämta behövliga uppgifter från. Förnuft, förmågan att hantera sitt vetande. Vetandet är begränsat till det kontrollerbara, förnuftet kan inse att det vi inte kan veta något om ändå kan existera.

Vetandet säger oss att Universum har existerat i fjorton eller femton miljarder år och att dess tillkomst berodde på en obalans i tomrummet mellan positiv och negativ energi. Förnuftet får oss att undra över vad som kan existera i ett absolut tomrum.

Vetandet klargör att Darwins teser om evolutionen måste vara sanna. Förnuftet står frågande för livets och det första DNA:ts uppkomst vid evolutionens början, och det undrar över hur något så intelligensbefriat som slumpen har kunnat utveckla alla växt- och djurarter till den funktionsduglighet de har.

Vetandet handlar om det vi kan uppfatta och handskas med under vår existens här på jorden. Förnuftet inser de mänskliga begränsningarna och gör klart att känsla, fantasi och lust för det okända kan vidga livet.

Vetandet håller sig till vad den mänskliga hjärnan lyckats ta till sig. Förnuftet utesluter inte att det även kan finnas någonting annat.

Vetandet säger att det enda vi kan veta om religionernas gudar är vad vi kan läsa oss till i deras urkunder. Förnuftet invänder att det gudomliga inte kan förstås och beskrivas utifrån mänskliga erfarenheter, men att mycket talar för att det finns en högre intelligens än den mänskliga.

Vetandet utesluter förekomsten av något gudomligt. Förnuftet anar den intelligens som får växt- och djurriket att fungera. Det inser att det människor kallar Gud kan ha betydelse för henne som stöd och tillflykt. Men det inser också farorna med att bygga upp normsystem med en gud som auktoritet. En högre intelligens kan man tro på, men inte anspråk på gudomlighet i av människor skrivna lärosatser.

En religion med absoluta krav på lydnad av dess dogmer kan vara farlig. Det har vetandet klart för sig. Och även förnuftet.

Bibeln. Koranen. Religiösa urkunder som under 2000 respektive 1400 år varit drivkrafter för det vardagliga fredliga livet och för maktspel av mer och mindre aggressivt slag i stora delar av världen. Bibelns gud var från början en stamgud för Abrahams folk som värnade israeliternas intressen och gav död och pina till deras motståndare. Koranens gud var den av arabernas gudar som uppenbarade sig för Muhammed och i sina 'läsningar' manade till strid mot oliktänkande. Ingemar Hedenius skulle le avfärdande åt dem båda. Sagor, skulle han säga, att jämföra med grekiska och romerska gudasagor och med Eddan och Sagan om ringen. Myter. Fantasier med en gnutta verklighet som ursprung.

Många tänker som Hedenius. Men långtifrån alla.

De judiska synagogorna och de muslimska moskéerna fylls varje sabbats- och bönedag av kanske inte varmt men självklart troende som renar sig före inträdet i helgedomen och som fullt godvilligt rättar sig efter alla regler.

De kristna kyrkorna fylls väl inte som förr vid gudstjänsterna, men de kan ha många besökare vid större högtider som jul, påsk och pingst och i samband med dop, konfirmation, bröllop och begravningar. Och de troende är fler än man kan föreställa sig i den sekulariserade tid vi lever i. Varmt troende och svalt troende, bokstavstroende och kritiskt troende. Mer eller mindre fångade av det vackra i evangeliets berättelser och påverkade av kyrkorummets skönhet och av musiken och andakten. I katolska och grekisk-ortodoxa länder kan man frapperas av engagemanget i det kyrkliga. Kommer man vid påsktid till en grekisk katedral häpnar man över all blomsterprakt och alla vackra utsmyckningar. Och kommer man till Petersplatsen i Rom när påven ska visa sig och tala och fara runt i sin specialbil och välsigna alla, då kommer man inte fram för alla människor, då är det fullspikat av entusiaster som om det vore fråga om en fotbollsmatch mellan Roma och Milan.

På Petersplatsen och i de grekisk-ortodoxa kyrkorna råder hänförelse och jubel och man hyllar den gud som manar till kärlek till andra människor. Vad som än sagts av Jesus och Paulus som kan få en att undra och hur man än hejar på de sina i krig och fred, är kärleken till nästan det som i vår tid de flesta kyrkobesökare helst lyssnar till i det kristna budskapet.

Älska sin nästa. Det låter så vackert.

En fin levnadsregel. Inte bara för att den är vacker. Kanske är det den moral som behövs för att lösa tvister utan att använda våld och dödande vapen. En idealisk moral, kan man tycka, för en värld som behöver fred och mesta möjliga samklang.

Men som av någon anledning inte har fått vara huvudregel i den kristna världen.

Behandlingen av judar som kollektivt ansvariga för Jesu död har ingenting med kärlek att göra, korstågen hade inte kärleken som drivkraft, inte heller jakten på kättare, inte heller brännandet på bål av kvinnor som benämndes häxor, inte heller det hänsynslösa dödandet av indianer som benämndes vildar. I Kristi namn har de mest fasansfulla gärningar begåtts.

Älska din nästa!

Ett underbart bud om det tolkas rätt. Om 'din nästa' uppfattas som varje människa man på något sätt får kontakt med. Om man bryr sig, om man lyssnar, om man försöker förstå, om man kan bli arg utan att avfärda och stänga sig, om man kan bygga broar till de annorlunda, om man kan göra sig av med sina vapen.

ÄLSKA DIN NÄSTA! Skrivet med stora bokstäver som titel på boken med alla kristna bud. Man måste vara blind för att inte se det: ÄLSKA DIN NÄSTA!

Blind. Eller typiskt mänsklig. Det är ju så svårt att tolka det där budet. Vad menas med älska när det är fråga om alla människor man möter?

Kanske just därför: det kristna grundbudskapet har inte alltid och överallt varit budet att älska sin nästa som sig själv, inte heller budet att lyssna på det innersta av själen. Det finns i evangelierna även andra bud, och av någon anledning har kärleksbudet hamnat i skymundan. Lydnadsbudet förefaller ha varit det viktigaste, budet att lyda Gud, så som Han har framträtt i Moseböckerna, profeternas böcker, evangelierna och Pauli brev. Lyda i tron att Gud är den allvise och att Han i sin allvishet har dikterat allt som står nedskrivet i Hans bok. Lyda i tron att man blir straffad om man bryter mot diktaten.

Visa kärlek till Gud genom att lyda. Koppla bort det sunda förnuftet och bara lyda.

Den blinda trons fundament.

Inte bara för kristet troende. I lika hög grad för judar och muslimer. De judiska fundamentalister som bedriver särskiljande politik i sina bosättningar på Västbanken talar om Kanaans land som Guds gåva till Abraham och hans ättlingar som om Första Moseboks utsagor vore absoluta sanningar, tillämpbara i alla tider. Och IS och andra muslimska organisationer som ser jihad som Allahs krig mot otillåtet tänkande och som intalar unga flickor och pojkar att de blir särskilt älskade av Allah om de gör sig till bomber och spränger sig i samlingar av oliktänkande, de väljer ut de verser i Koranen som talar om straff för feltänkande och framhäver dem som Allahs särskilda vilja.

Fundamentalistisk tro.

Som om Skaparen begåvat människan med ett sunt förnuft för att hon ska avsvärja sig det och stänga in det i ett låst fack. Som om tro skulle vara oförenlig med fri tanke. Som om Gud vore en diktator som genom att förbjuda den fria diskussionen vill hindra samhällets utveckling.

Det behövs ytterst lite av fri tanke för att inse att en sådan lydnadsberedskap inte kan vara förenlig med skaparen av det levande livets vilja. Och att den kan vara direkt farlig om den inskränks till sådana utdrag ur den av människor nedskrivna gudalagen som passar en viss människotyp och som kan användas som auktoritär maning till dem man vill påverka. Om lydnad mot dem som säger sig företräda Guds vilja är ett måste och om olydnad bestraffas med tortyr och plågsam död, då kan inte den gud som vill att människan ska tänka själv och ta eget ansvar för sina handlingar känna sig tillfredsställd.

Kan man tycka.

Om Gud är en och inte flera, om han är skaparen som försett människan med tankeförmåga för att hon ska utnyttja den, då kan det inte vara han som har dikterat urkunderna för religionerna. Och om han har givit människan förmågan att tänka, då vill han inte hindra henne från att utveckla den till ett sunt förnuft genom att tvinga på henne en massa regler.

Men rätten att tänka fritt har tyvärr människan använt till att utveckla skiljaktiga idéer om Gud och hans vilja, och så har religionerna kommit till. Olika bilder av Gud, olika framställningar av hans vilja. Mängder av budord: Du skall, du skall icke. Bryter du mot något bud skall du straffas. Det är Guds vilja att den som bryter mot hans bud skall straffas.

Det kristna huvudbudet borde vara: Älska din nästa. Men så har det tyvärr inte blivit. Kravbud från en straffande gud har genom historien blivit det dominerande.

Själv är jag uppväxt i ett kristet hem. Det var på trettiotalet. Jag och mina syskon gick i söndagskola och fick bibelberättelser framställda som sagor, hemma läste vi 'Godegudvälsignamatenamen' före middagsmålet, Pappa läste 'Det folk som vandrar i mörkret skall se ett stort ljus' varje julafton, jag sjöng i Uppsala domkyrkas gosskör, jag blev konfirmerad och fick min första kostym med långbyxor (dessförinnan var det golfbyxor). Det var mycket musik i mitt hem. Jag blev uppmuntrad att läsa det jag själv valde på biblioteket. Jag fick leva ett liv som jag föreställde mig de flesta andra levde. Jag hade kristna föräldrar och det hade väl inte alla, men det hindrade mig inte från att leva tillsammans med dem jag trivdes med.

Inga maktens bud, inte heller några Guds bud. Det behövdes inte.

HELIGA KRIG

Det var krig ute i Europa när jag var tonåring på fyrtiotalet, och det togs på största allvar av dem jag kände. Ändå levde jag i en idyll i min ungdoms Uppsala. Det är fruktansvärda saker som händer ute i världen idag, men i min ålderdoms Falun lever jag ett förhållandevis idylliskt liv. Det inser jag varje dag när jag läser i tidningen och hör i radio om flyktingar som kommer till Europa därför att förhållandena i deras hemländer är så fasansfulla. De kallas inte flyktingar av alla svenskar utan invandrare som tar jobben från svenskarna och som inte är att lita på. Men de är flyktingar, de flesta i varje fall, de kommer framför allt från muslimska länder, och de har upplevt fasansfulla saker och blivit traumatiserade.

Jag har kommit att undra mycket över varför det är så. Det är terror av olika slag de flyr ifrån, men kan terror vara något speciellt utmärkande för islam? Jag har läst historieböckernas framställningar av islam, jag har läst vad Karen Armstrong har att förtälja om Muhammed, jag har läst Koranen, en gång slarvigt, en gång mera noggrant. Jag har funnit att Koranen omöjligen kan ha varit dikterad av Allah (al lah, guden), och att Muhammed måste ha varit en människa med fel och brister som inte kunde skriva själv och som kunde ha blivit feltolkad i Koranen. Men Bibeln var inte heller dikterad av Gud, och de som nedtecknade gamla och nya testamentets berättelser var inte ofelbara. Det står i Koranen om rätt troende och fel troende och hur de ska straffas, men det gör det i Bibeln också, i både gamla och nya testamentet. Det är inget speciellt för islam.

Världshistorien präglas inte av fred utan av ofred. Maktkamp, skrämsel till underkastelse. Krig, terror. Guden man säger sig tjäna kallas Jahve, Herren eller Allah, men sättet att tjäna honom, med eller utan hot och straff, med eller utan våldsmetoder, är likartat i alla religioner.

Lovprisningar. Fred, frid och välgärningar. Men också krig, våld och terror. Allah till ära. Eller Jahve eller Herren.

Skrämselhandlingar mot kvinnor kan också sägas vara en form av terror. Tillåtna enligt en vers i Koranen eller någon annan troslära, där kvinnan degraderats till en sämre sort. Det man hört därvidlag har kanske ett visst stöd i Koranen. Där kan man läsa att 'kvinnan skall vara mannens åker', något som mången muslimsk man tagit som Guds ord på att han är bättre än kvinnan och har rätt att bestämma över henne. Men inte bara *muslimsk man*, det är viktigt att påpeka. Mannen har varit det första könet i de flesta religioner. Paulus, som predikade kristendom, tyckte att kvinnan skulle tiga i församlingen, och de svenska arvslagarna på medeltiden klargjorde: 'Gånge hatt till och huva ifrån'.

Vi som kallar oss kristna ska inte förhäva oss.

Muslimer i allmänhet är inte sämre människor än judar och kristna. Vänner som bott i årtionden i muslimska länder har i det stora hela bara haft positiva saker att säga om de muslimskt troende. Min fru har varit engagerad i IKF (internationella kvinnoföreningen) och de muslimska kvinnor jag lärt känna där är underbara människor. Muslimer i allmänhet är inte sämre än kristna. Historiskt sett har muslimska länder inte oroats av extremistgrupper mer än kristna länder.

Och det kanske inte är muslimerna själva som ska skuldbeläggas för att den islamiska terrorismen satte fart omkring sekelskiftet. Sovjet höll av någon anledning Afghanistan ockuperat på åttiotalet, och många upprördes av de sovjetiska soldaternas behandling av afghaner. Det bildades muslimska oppositionsgrupper som beväpnades och bildade en gerilla, mujaheddin. De ville kämpa för Allah och hans sak och de kallade sin kamp 'qaida-al-jihad', grunden för jihad, det heliga kriget. De fick stöd av Usama bin Laden och hans talibaner, och det var från början ett rättfärdigt försvarskrig. Men det blev alltmera hatiskt, och hatet kom att riktas inte bara mot Sovjet utan mot allt som stod Allah emot. Al qaida kom att bli 'den islamiska fronten mot judar och korsriddare' och det var enligt bin Laden 'varje muslims plikt att döda amerikaner och deras allierade'.

Sovjets oheliga ockupation var upphovet till al qaidas heliga krig.

USA:s av 11 septemberdådet orsakade anfallskrig mot Irak ledde till sönderbombade vägar, broar och byggnader och inte bara en diktators utan tusentals oskyldiga civilas död och pina. Ockupationssoldaternas bristande känsla för vad som var viktigt för muslimer ledde till att de religiösa ledarna fick stimulans till att agera. Det var shiamuslimer med iransk anknytning och det var sunnimuslimer med anknytning till Syrien och Arabien. Anhängare på båda sidor med lust att slåss och förstöra tillverkade bomber och gjorde sig själva till bomber och slogs så att det stod härliga till för dem själva och mindre härligt för dem som ville leva i fred. Idén att bilda en islamisk stat för alla muslimer väcktes och fick näring.

Fröet till IS hade såtts. USA hade inte bara släppt sprängande bomber 2003. När den sammanhållande diktatorn Saddam Hussein var borta, var det fritt fram för sunni- och shiamuslimer att tvista om vilka som var mest Allah-trogna. Det gick inte att enas, och vissa extremister började argumentera med terror. I stället för enande samtal blev det avståndstagande och gränsdragning och fiendskap.

USA hade dragit korken ur flaskan. Det som varit instängt kom ut.

Tvistefrågan var alltså ursprungligen inte tolkningen av Koranen utan vem som i enlighet med Muhammeds önskan var den förste kalifen. Abu Bakr, Muhammeds vän och efterträdare, var den förste som kallades kalif. Inte han och inte heller de följande två hade blodsband med profeten. Det hade däremot den fjärde, Ali. Han var systerson till Muhammed. Hans anhängare, shiiterna, menade att bara ättlingar till profeten kunde få vara hans efterföljare, och de ville inte använda ordet kalif för dessa utan 'imam', som betyder ungefär gudabesjälad ledare. Sunniterna hade en annan syn. Det viktiga för dem var att Allah är en och Muhammed hans profet. Muhammeds ord som de nedtecknats i Koranen var grunden för deras tro. I fråga om muslimskt ledarskap accepterade de den praxis, sunna, som utvecklats, och ordet imam använde de inte för de högsta ledarna utan för moskeernas böneledare.

I vår tid finns inte längre någon kalif eller imam som högste, av alla erkände, muslimske ledare. Man kan tvista om hur Allah visar sig för människorna efter Muhammed, men, som jag ser det, man har mer att enas om än att bråka om. Efter Saddam Husseins diktatur i Irak och USA:s förödande anfallskrig tycker man att Allah skulle glädja sig mer åt ett gemensamt återställande av landet än de terrordåd som inte upphör att stressa befolkningen. Det talas mycket om rätt tro i Koranen, men det talas också om bästa sortens samlevnad. Och både Allah och majoriteten av Iraks folk måste väl tycka att samhället skulle må bättre av harmoni än av disharmoni.

Man kan tänka sig att många muslimer plågas av alla stridigheter. De önskar sig kanske en samlande religiös ledare, de vill kanske ha tillbaka det gamla kalifatet. Inte en kalif som bestämmer i detalj om vad som är rätt tro, men gärna en Muhammeds efterträdare som kan vördas av både shiiter och sunniter, en fadersgestalt som vill hålla ordning på alla sina barn och hindra dem från att göra varandra illa.

Tyvärr tycks det inte kunna bli mer än en önskedröm. I en värld av ilsket stridande oliktänkande förefaller det ogörligt att välja en för alla muslimer gemensam ledare. Och om någon grupp med maktmedel tar sig ledarskap och utnämner en kalif, kan det rimligtvis inte bli en god lösning. Kan man tycka.

Ändå är det just det som har hänt. Islamiska staten har utropat sig som kalifat. Den som utnämnts till kalif har getts samma namn som Muhammeds förste efterträdare, alltså Abu Bakr. Världen utanför IS har uppfattat honom som en terroristledare, men för hans anhängare har han haft samma status som den förste kalifen.

Man kan förstås undra hur Muhammed och den förste Abu Bakr ser på Islamiska statens sätt att förverkliga sina maktambitioner. Det är en sak att sprida Muhammeds lära till de ovetande, en helt annan att gå i strid mot oliktänkande muslimer. Och ska det vara nödvändigt att skrämmas så till den grad att människor runt om i världen inte kan tro att det är en god gud de tjänar? Varför visa upp sig genom att tortera och halshugga män som inte gjort något ont och misshandla kvinnor och barn som gjort ännu mindre ont? Om man vill väcka entusiasm för Islam, varför då filma sina ogärningar och på så sätt ge världen sina porträtt? Vad sorts anhängare har man trott sig vinna med den sortens propaganda?

Har man trott, således. IS har trängts tillbaka från Mosul och andra viktiga fästen. Men helt maktlös är inte organisationen. Man försöker fortfarande att med stöd av Muhammeds ord i Koranen inspirera till terrorverksamhet, och det finns än så länge anledning att gardera sig för IS-dåd i Europa.

Muhammeds ord, Allahs ord. Utvalda och tydda av IS.

Det kan sägas att Muhammed inte väjde för hårda metoder för att besegra de gammaltroende i Mecka och judarna och de kristna i Medina. Det heliga kriget för att erövra Arabiska halvön, Mellanöstern och Nordafrika fördes inte enbart med sång och vänliga leenden. Koranen uppmanar inte enbart till att göra människor gott. Den talar inte om jämlikhet och tankefrihet som något positivt. Män förklaras vara bättre än kvinnor, och det rätta troendet är inte bara förmer än det felaktiga troendet, det är det enda tillåtna. Ett exempel bara, från fjärde surans femtionionde vers: "Dem som förnekar våra tecken skall vi förvisso steka i eld. Så ofta deras hud blir genomstekt skall vi ge dem en annan i stället, så att de får smaka straffet. Gud är förvisso väldig och vis." Det finns variationer på det temat, ganska många, och de ger inte en bild av en gud som tycker om självständigt tänkande.

Koranen är inte en lättläst bok. Den är inte ordnad kronologiskt efter surornas tillkomst utan efter deras längd räknad i antalet verser. Man har svårt att följa en plan i bokens och i varje suras uppläggning. Det gudomliga förefaller dolt för det mänskliga intellektet. Vad som verkligen är Allahs vilja kan man inte sluta att strida om. Sharialagarna sägs vara inspirerade av Koranen, men de har med tiden blivit så många att det ursprungliga kan vara svårt att skilja från det tillfogade. Även där kan det finnas skäl att tvista om vad som kommer från Gud och vad som kommer från människor.

Allah, guden. Rimligtvis samma gud som judarna kallar Jahve, de kristna Herren och indierna Brahma. De troende kämpar för att ge makt åt den gudsbild de själva modellerat och gett egenskaper. Och vissa ledare hamrar in de religiösa lagarnas paragrafer i huvudena på de troende för att göra dem ännu mer troende och lydiga.

Frågan är förstås i sådana fall om det kanske är för den egna självhävdelsens skull man kämpar. För att ge sig själva makt.

Ja, människor är människor, och vad Gud är vet ingen.

Men religion är något som går att definiera. Det har att göra med något utanförmänskligt med gudar, änglar och andra andeväsen. Under tidernas lopp har det gudomliga fått gestalt och karaktär, det har påverkats av vandringssägner, gamla berättelser har nedtecknats, nya har tillkommit, det har utvecklats lagar och regler. Gudar har knutits till olika folk och stammar. De har kommunicerat genom särskilda språkrör, och de har haft olika sorters önskningar och krav. Olika människogrupper har tagit fasta på olika typer av regler. För de flesta har kanske moralen varit det viktigaste, för andra det som gynnar den egna gruppen, för ytterligare andra det kampvilliga.

Viljan att kämpa för Guds sak har inte hämmats av att de som man kämpat mot haft samma vilja. Man åkallar guden med olika namn, man har olikfärgade fanor och lystrar till olika signaler. Även i vår upplysta tid drar man ut i fält för att göra dem som åkallar Gud med fel namn på fel sätt och på fel sida om gränsen så mycket ont som möjligt.

Det låter osannolikt, det låter absurt.

Men människor är människor, och religion är religion. Men vad Gud är vet ingen.

DÖDANDE I KRIG OCH FRED

Judar, kristna och muslimer tror på Gud som skaparen av livet och den som vill försvara livet. Men historien visar att de flesta samtidigt tror att Gud står på deras sida som krigar och dödar i Hans namn, och den tron påverkas inte av att de som de krigar mot och dödar så många som möjligt av tror på precis samma sätt. I historien har krig varit nästan lika vanligt som fred, och Gud har varit härförare för många stridande parter.

Det skulle räcka med en stunds eftertanke för att inse att skaparen och försvararen av livet inte kan bära skulden för det som krigen har ställt till med. Och för det våld och dödande som ägt rum i fredstid. Det måste vara en annan potentat, en pudel (som i Goethes Faust) eller vad det kan vara som springer omkring bland människorna och stänker ondska på dem. Och som under första världskriget såg till att intet nytt fanns att förtälja från västfronten än skyttegravarnas enahanda hukande.

Krigshjältar brukar man kalla dem som överlever krigets fasor. I 'The hollow men' använder T S Eliot andra ord.

We are the hollow men
we are the hollow men
leaning together
headpiece filled with straw. Alas!

T S Eliot målade poetens bilder av kriget. Bara strofinledningarna säger så mycket:

Eyes I dare not meet in dreams, the death's dream kingdom.
This is the dead land, this is the cactus land.
The eyes are not here, there are no eyes here.

Between the idea and the reality, between the motion and the act
  falls the shadow.

Vi är de ihåliga, vi är de uppstoppade, som lutar oss samman med huvuden proppade av halm. Ihåliga halmstrån, sköra rön som kan brytas av vindpustar, måste söka stadga hos varann i en kärve.

Krigshjältar, halmkärvar.

Det ärorika kriget.

Det förfärliga kriget.

Krig handlar om dödande, någon gång ärorikt dödande, men dock dödande, utsläckande av liv. Varje liv en värld.

Men dödande i krig kallas inte mord. Dödande i krig är ett nödvändigt ont, som åtminstone för den egna sidan måste förenas med så omfattande förstörelse som möjligt, med effektivast tänkbara vapen. Egna fabriker som tillverkar stridsflygplan och bomber och kanoner betraktas som nationella säkerhetsindustrier, och vapen till försvaret måste få kosta hur många miljarder som helst. Sjukhus och skolor är förstås ett måste, men dödande vapen kan stundom förefalla viktigare. Beträffande oroligheterna i Syrien–Irak har nyhetsmedierna förmedlat förstörelse av IS-dominerade områden som glädjande framsteg. Kvinnor och barn som förlorat armar och ben och anhöriga och hus att bo i har inte dämpat den glädjen. Bilder av städer som lagts i ruiner av al Assad-anslutet eller turkiskt, ryskt eller amerikanskt flyg har visats någon gång i svenska nyhetsmedier, som en förklaring till flyktingströmmarna, utan större indignation för kriget än för inträngandet av störande element.

Nej, svenska tidningsläsare har inte behövt uppröras så att det gjort ont i sinnet av det som hänt i Syrien och Irak. Löpsedlarna har inte ropat ut sådana saker. Rubriker och artiklar har varit sakliga och gett uppgifter om antal döda och flyktingar, modiga reportrar har varit inom hör- och synhåll och gett aningar om krigets verklighet. I fredens Sverige har vi påverkats som i en biografsalong, men inte mer. Dödande i krig, det är som i filmen, det hör till, det är spännande och upphetsande, men man mår inte dåligt av det. Det är inte sensationellt. Det är inget att göra löpsedlar och förstasidesrubriker av. Dödade människor blir själlösa mängder, de blir siffror och statistikstaplar.

Att jämföra med skottdramer i Göteborg och knivdåd i Västerås och Vänersborg och lite här och var. För att inte tala om terrordådet på Drottninggatan i Stockholm. Varje människoliv en värld. Hela nationen uppmanas att sörja. När individen dör försvinner hela den medvetna världen. Mord är detsamma som att världar i mänskliga medvetanden tillintetgörs. Och det är ju ruskigt. Det är hemskt. Fruktansvärt. Televisionen kan ägna timmar åt det. Dag efter dag.

Ändå – – –

Att jämföra med kriget i Syrien och Irak. Hur många människor har de gångna åren dött eller fått sina liv förstörda varje dag i Syrien och Irak? Vad innebär det att få hus med alla ägodelar sönderbombade, att få gatorna oframkomliga, att få vatten-, el- och gasledningar söndersprängda, att se sina anhöriga döda eller svårt skadade, att törsta, att svälta, att ha ont i sina sår, att inte kunna gå därför att man förlorat ett ben, att inte kunna lyfta något därför att man förlorat händerna, att inte kunna höra vad ens barn ber om därför att man förlorat hörseln? Vad innebär det att leva i ett krigshärjat land? Vad innebär det att dö i ett sådant land? Hur många världar i mänskliga medvetanden förstörs där?

Men varför ställa sådana frågor? Vi svenskar har ju ingen skuld. Man lockas att ironisera.

I Sverige mår vi minsann tillräckligt dåligt ändå när flyktingar kommer och förstör trivseln för oss. Vi upprörs över att de smutsar ner, att de uträttar sina behov där det inte är tillåtet och att en del av dem beter sig som om de inte vet vad lag och ordning vill säga. De ska vara tacksamma, tycker vi, och bete sig snyggt. De måste förstå att det är långtifrån självklart att vi ska ta emot smutsiga utlänningar i vårt rena land. Krig, än sen, det är inte vår sak.

Vi måste värna vårt fredliga Europa. Vi måste stänga våra gränser för sådana som påminner om krigets otrevligheter. Det är viktiga saker. Det är ingenting att ironisera om.

Men tyvärr – det går inte att stänga gränserna för dem vi har störst anledning att göra det. Muslimska terroristorganisationer som islamiska staten har experter som vet hur datorer kan användas för att påverka sinnena på framför allt unga muslimer, och i datorernas nätverk finns inga gränskontroller. Hur påverkas inte helt normala svenska tonåringar som föredrar att läsa nätets sajter framför Dagens Nyheter och Svenska Dagbladet? Hur ser deras verklighetsbild ut? Det beror förstås på *vad* de läser, och för många, kanske de flesta, är det nog tyvärr så att de håller sig till de områden som fångat deras intresse och passar deras mognadsnivå. Och om ungdomarna i en liberal demokratisk stat som Sverige låter sig bli ensidigt påverkade, hur ska det då varai ungdomskretsar med annorlunda språklig, religiös och ideologisk bakgrund? Det är säkerligen ingen svår uppgift IS har att strö sådant lyckopulver i populära sajter att de som andas in det fylls av hängivelse och iver att göra en insats och kanske till och med offra livet i det fantastiska äventyret att förvandla världen till Allahs egen stat.

De hängivna får veta att det första man måste göra i Guds krig är att sätta skräck i hans motståndare. Terror först, religiös och moralisk omdaning sedan. Saken är så stor, målet så starkt glimrande. Som soldat måste man vara beredd att offra sitt liv. För att ta andras liv. Det har man klargjort för världen.

Terror, attentat. I fattigkvarter i Paris utkanter och i centrala Bryssel med arbetslöshet och föraktfull behandling från polisen och den etablerade befolkningen är det ord som får hatkänslor och hämndlust att växa. Vad Allah säger i Koranen vet man inte mycket om, man lär sig av kompisar, och man stärker sig med ord och fraser. Man lär sig hata. Man lär sig vad terror är och vad man kan åstadkomma med terror. Göra andra rädda. Göra de förbannade översittarna rädda. De som har råd skaffar sig pistoler och liknande dödande vapen, andra samlar spikar och vassa plåt- och glasbitar, blandar med sprängmedel och gör bomber.

Med den moraliska motiveringen: Tjäna Allah, döda Allahs fiender.

På olika sätt går man till verket. De som fått särskild stimulans från IS förbereder och genomför attentat som tjänar IS:s syften på bästa sätt. Det kan vara mord på dem som hånat Allah eller på andra sätt tänt Allahs vrede, det kan vara bombattentat i konsertsalonger eller i tunnelbanor och flygplatser av sådan karaktär att inte bara lokala utan nationella, europeiska och globala massmedier gör sensation av det och drar uppmärksamheten till det under dagar och veckor. I Paris har man valt en satirtidningsredaktion och en popmusiksalong nära frihet-jämlikhet-broderskap-torget, i Bryssel en tunnelbanestation, i Stockholm en folkfylld gata, i Manchester en ungdomsmusiklokal. Hundratals döda, mångdubbelt fler allvarligt skadade. Man har visat vad man kan. Man har väckt oro och skräck i det kristna Europa.

Tjäna Allah. Döda Allahs fiender. Göra sig själv till en bomb för Allahs skull.

Saliggörande för dem med en jihad-färgad syn på Guds vilja.

Fasansfullt för dem som ser annorlunda på liv och död. Att med dödande attentat vilja sprida skräck och död, så hemskt! I Syrien och Irak må så vara, där är det ju krig och där är folk muslimer, men i det fredliga kristna Europa! Så fruktansvärt hemskt!

Och det är det ju. Det är fruktansvärt hemskt. Men varför är det inte lika hemskt att döda i kriget i Syrien–Irak? Varför är det berömvärt att USA och Ryssland bombar syriska och irakiska samhällen och dödar och lemlästar miljontals män, kvinnor och barn? Varför är det värt hur många miljarder som helst att beväpna Sverige med massdödande och förödande vapen? Varför är JAS-plan värda de miljarder de kostar när en miljon för en glesbygdsambulans anses för dyrt? Varför är människoliv i ett fiendeland inte värda någonting, när varje svensk människa som dödats i sprängdåd och andra attentat betraktas som en person med tankar och känslor och värderas till två sidor i Dagens Nyheter och Svenska Dagbladet?

Vad säger Gud, vare sig han kallas Gud, Jahve eller Allah? Hur värderar han den skapelse som kallas människa och som försetts med ett sunt reflekterande förnuft för att hon ska använda det?

Liv och död. Ambulanser för liv, JAS-plan för död.

Atombomber.

Hur kommer Sverige att se ut efter att ha träffats av en vätebomb? Hur kommer världen att se ut? Det sägs att världen inte kommer att överleva ett kärnvapenkrig. Ändå menar tänkande människor i USA och Ryssland att de gamla kärnvapnen inte är tillräckligt effektiva och att de måste ersättas med nya. Man måste ha så många hypereffektiva vapen att motståndaren skräms till att inte använda sina.

Skrämsel. Terror.

Varför tillverka vapen som inte kan användas? Som inte *får* används, inte av USA, inte av Ryssland, och inte av Nordkorea. Och inte av IS. Som till varje pris inte *får* användas.

Hur vore det att lyssna på T S Eliot?

This is the way the world ends
this is the way the world ends
this is the way the world ends
not with a bang but a whimper

ONDSKA

Auschwitz, Srebrenitsa. Västmakternas bombningar av Berlin–Hamburg–Dresden.

Jämförbara ondskefullheter? Å ena sidan dödande och förstörande utan goda avsikter. Å andra sidan det rakt motsatta. I varje fall så som det framställs i fredsälskande demokratiska staters historieskrivning.

Onödig ondska. Nödvändig ondska.

Alla torde vara överens om att onödig ondska är något man kan klara sig utan. Annorlunda förhåller det sig med den nödvändiga ondskan. Fast man kallar den inte så. När man inte kan undvika att tala om den, lirkar man fram andra uttryck.

Som om ondska inte vore något att tala om. Eller som om det vore opassande att tala om ondska när det inte rör sig om juridiskt definierade onda handlingar.

Juridiskt definierbar ondska. På femtiotalet sommarjobbade jag på Stockholms sociala nämnder och fick bland annat delta i personundersökningarna av en ungdomsbrottsling (jag kommer inte ihåg vad han var anklagad för) och efter domen ledsaga honom till ungdomsvårdsskolan strax söder om Göteborg. Jag kunde inte se något ont i honom och vi hade fina samtal under hela tågresan. Han hade en hel del bra saker att säga. Bland annat hade han en tänkvärd syn på ungdomsvårdsskolor. Han menade att de var skolor i kriminalitet. Det man inte visste om stöldmetoder fick man lära sig där. Man gick in som lågstadieelev och gick ut som färdig student.

I lagens mening var min unge vän en brottsling och rätten som dömt honom till att lära mer om brottslighet i ungdomsvårdsskolan oomtvistligt hederlig. Själv har jag kommit att tänka annorlunda.

En annan sommar på femtiotalet jobbade jag som fångvaktare på Långholmen. En gång följde jag en fånge till ett förhör. Det var en mördare. Han hade i ett vredesutbrott dödat den kvinna som han älskade. Kamrater i hans grannceller berättade för mig att han efter mardrömmar vaknade och skrek i förtvivlan flera gånger varje natt. Åklagaren hade bara tagit hänsyn till brottet han gjort sig skyldig till och hade med stöd av lagbokens paragrafer krävt strängast möjliga straff. Rätten hade lyssnat mer på åklagaren än på försvarsadvokaten. Den fråga jag ställde mig var: Vilket är ondast, att tappa humöret på ett okontrollerbart sätt eller att paragraflydigt vilja en annan människa, med brottsbenägen läggning men utvecklingsbar med human pedagogik, så mycket ont som möjligt?

Ondskan har olika sorters ansikten.

Ett är den uppenbara ondskan som gasar ihjäl och hugger huvudet av folk. Det är krigets och terrorismens ondska. Ett annat är den regelstyrda ondskan som tittar i lagboken innan den handlar. Ett tredje är den utklädda ondskan, den sminkade onda fen som ger människobarnen bakelser och pengar innan hon äter upp dem.

Av en personlig anledning vill jag börja med krigets ondska. Min bror Torgny hade fått hoppa över en klass och tog studenten som sjuttonåring. Han var duktig pianist och ackompanjerade mig när jag spelade fiol, han var oerhört naturintresserad och skrev ett digert enskilt arbete om växtvärlden i Ovanåkers socken, han var seniorscout och ivrig anhängare av KFUM:s ideal. Han fyllde arton ett par veckor efter krigsutbrottet i september 1939. Efter bombningarna av Helsingfors 30 november greps han av lust att hjälpa broderfolket. Han var för ung för att göra värnplikt, men kunde gå med i frivilligkåren och kom till Salla-fronten när vintern slog till med fyrtiogradig kyla. I mitten av mars kom han tillbaka och hade med sig pälsen av en varg som han skjutit. Han berättade om ett besök på ett tandläkeri i Rovaniemi där en snickare drog ut tänder med hovtång. Men ingenting om kriget förrän tjugo år senare. Det blev inte många ord då heller, men han förtalte att "ryssarna sköt slut på sin ammunition" de sista dagarna och att stora tuffa karlar kröp omkring och skrek på mamma.

Först efter tjugo år hörde jag alltså Torgny tala om kriget. Det hade varit långa tider då han legat inkallad vid gränserna, han hade gått på Skogshögskolan och blivit jägmästare, han hade gift sig och bosatt sig på annat håll. Men ändå. Vi hade träffats ganska ofta. Det hade väl varit naturligt att berätta för sin lillebror om allt spännande han upplevt.

Nu på gamla dar tror jag mig förstå. Kriget vid fronten, där det gäller att skjuta först och vara först med att sticka bajonetten i magen och där granater briserar och kompisar dödas och sargas till oigenkännlighet, det måste vara det rena vanvettet. Det måste vara värre än en hemsk mardröm. Det måste utlösa kramper i förstånd och psyke. Man kan inte fortsätta att vara ädel idealist när ondskan härjar omkring en, man måste förråa sig själv, man måste själv bli en krigets dåre för att uthärda.

När Torgny kom hem från Salla bar han med sig det hemska, som en kramp i sinnet, som ett värkande sår i hjärnan. Han hade anpassat sig till kriget, och det skämdes han för. Han kunde inte utan vidare anpassa sig till sina fredliga miljöer hemma i Sverige, och det mådde han illa av. Och Mamma och Pappa, som ville lära oss barn att ta eget ansvar för våra beslut, de hade också skäl att må illa.

Det intensiva skjutandet vid fronten var en sida av kriget. Det var en sorts ondska. Den röda arméns framryckning genom Polen och östra Tyskland i andra världskrigets slutskede, då kvinnor utsattes för soldaternas sexhungrighet, var en annan sida.

Västmakternas bombningar av Berlin och Hamburg och kulturstäder som Dresden och Hildesheim var en tredje sida. I massmediernas rapporteringar framställdes dessa bombningar som framgångsrika insatser av modiga engelska flygare. Själv fick jag en första aning om vad det var fråga om då jag efter en Paris-resa

1949 åkte tåg genom Hamburg. Efter Hauptbahnhof var det (som jag uppfattade det i snabba ögonkast) tråkig landsbygd fram till nästa station. Av dem som visste bättre fick jag veta att det som jag såg som landsbygd var totalt sönderbombade stadsdelar utan militära anläggningar och att människor fortfarande bodde där i källarutrymmen och enstaka husrester. Och så kom deras tillvaro att se ut många år framåt. Man måste fråga: Vad slags ansvar hade källarmänniskorna haft för Nazi-Tysklands illgärningar? Vad slags ansvar hade de som beordrat bombningarna? Vad slags tänkande präglade dem som jublade över dessa?

Att Berlin bombades på liknande sätt är mer förklarligt. Svårare att förstå är förstörelsen av kulturstäderna Dresden och Hildesheim. I Hildesheim har min fru och jag goda vänner. De har guidat oss genom den återuppbyggda staden och gett oss anledning att glädjas inte bara på ett av Europas vackraste torg med beundransvärd arkitektur utan i hela den åldriga delen av staden med korsvirkeshus och murar och portar. Och kyrkor! Domkyrkan med den tusenåriga rosen är äntligen återuppbyggd till den mäktiga centralkatedral den varit under rosens hela levnadstid. Hildesheim är en så enastående vacker stad. Den andas kultur i varje kvarter. Man frågar sig: Vad kunde de allierade vinna genom att lägga den äldsta och vackraste delen av staden i ruiner? De som hade ansvaret skyllde på Hitlers och Nazi-Tysklands ondska. Vad slags mentalitet präglade dem som hämnades genom att förstöra livet för en kulturpräglad stadsbefolkning dominerad av kvinnor och barn? Är det inte ondska att vilja alla som bor i ett fiendeland så mycket ont som möjligt?

Krig förs med dödande vapen. Även terrorism är beroende av vapen. Utan vapen kan man inte kriga med annat än händer och fötter och skalle, och terrorister skulle få nöja sig med att ropa skällsord och skicka hotelser med post och etermedia. Utan vapen skulle väl inte världen vara helt utan ondska. Men den skulle vara betydligt lugnare. Därmed inte sagt att de som tillverkar och säljer vapen är onda människor. De vill inte göra ont, de vill bara tjäna pengar, och att tjäna pengar är aldrig fel i ett marknadsekonomiskt samhälle. Men de åstadkommer ondska, och det är illa nog.

En vapenhandlare hotar inte. Han säger inte: "Köper du inte den här k-pisten av mig så ska jag vrida nacken av dig." Han vill inte göra kunden rädd, han vill göra kunden i stånd att göra andra rädda. Vapenhandlaren är inte någon terrorist. Terrorism är någonting fult.

Ja, terrorism är sannerligen något så fult att det får en att må illa. Al Qaida, al Shabab, Boko Haram, Islamiska Staten är namn som man matas med varje dag och som får en att vilja kräkas. Det är terrororganisationer som säger sig kämpa för jihad, för Allahs strävan, för Allahs vilja att försvara sitt välde. De följer Muhammeds uppmaning att gå till anfall när försvarskrig inte är tillräckligt. Anfall är bästa försvar. Och en effektiv stridsmetod är att sätta skräck i fienden, att göra henom så rädd att hen kastar sina vapen och flyr.

Under de senaste åren är det Islamiska Statens skrämselmetoder som blivit mest kända. IS har inte handlat i det fördolda, tvärtom har man gjort vad man kunnat för att visa världen hur farliga man kan vara. De har filmat sina avrättningar. De har visat hur de själva ser ut, svarta som Satan, de har visat det bakbundna offret med hopplös skräck i ansiktet, och de har visat halshuggningen och det triumfatoriskt lyfta avhuggna huvudet. De har filmat det yttersta hemska som kan hända dem som vågar kämpa mot dem. De har fotograferat sina vapen, och de har skrämt irakiska soldater på flykten. De har utfört terrordåd i Paris och Beirut och Bryssel och på andra håll. De har velat skrämmas, och de har lyckats med det.

Allah har sett på. Man kan undra hur han har mått. Man kan undra vad han tänkt om bödlarnas sinnelag när han bevittnat hemskheterna. Vilka ord har kommit för honom? Har det varit 'Guds innersta väsen' eller har det varit 'Satans ondska'? IS har dödat irakiska shiamuslimer och europeiska journalister och de har dödat kvinnor och barn. De har begått terrorbrott i europeiska storstäder. Allah måste ha frågat sig vad offren gjort för ont, mer än att de stått utanför IS' kalifat. Och han måste ha undrat om den här sortens skräckskapande kan göra folk benägna att älska honom. Kommer de att säga 'gode Gud' eller 'onde Gud' när de ber till honom? Kommer de att säga: 'O Gud som älskar att se folk sprängas i bitar'?

Allah är en, och Muhammed är hans profet. Och Islamiska Staten har utropat ett kalifat som alla muslimer ska tvingas ansluta sig till. Kalifen ger sina maningar, och de ledande i IS tolkar honom. Klä er i svart! ropar de. Dölj era ansikten i rånarhuvor och hugg huvudet av folk! Visa skallarna för världen och gör människor så rädda att de kryper på sina knän till oss! Använd ondskan som vapen och sätt skräck i världen!

Hur är man funtad när man lockas av den sortens maningar? Det tycks vara många muslimska ungdomar som gjort det. De har väl inte i första hand drivits av lusten att tjäna Gud. Möjligen kan det ha varit viljan att kämpa för ett kalifat för alla muslimer. Kanske har känslan av utanförskap i det land där de varit flyktingar spelat in, och kanske har berättelserna om IS' militära framgångar väckt en lust att vara med i ett stort äventyr.

Hur har de tänkt? Vad har de vetat? Från tanke- och yttrandefrihetens Sverige till tankediktaturens IS. Från det öppna samhället till det slutna. Från friheten till fånglägret. Från förbrödring och försystring till förintelse av oliktänkande. Med ondskans ledning.

Förintelse. Förintelseläger. Auschwitz.

I ett av radions sommarprat (2015) hörde jag judinnan Hedi Fried berätta. Hon var tjugo år gammal när hon kom till Auschwitz 1944 och det har gått sjuttioett år sedan dess. Så hon måste vara över nittio nu. Det märktes på den lågmälda rösten och den icke-ungdomspopulära musiken. Och på det balanserade sättet att berätta. Hon ville inte driva upp känslor. Hon ville ge lyssnarna bilder av miljöer och situationer, hon ville ge dem möjlighet till förståelse av de kontrasterande förändringarna från lantligt hemmalugn i gränstrakterna mellan Ungern och Rumänien till undrande aningar och växande hunger och törst i godsvagnarna och till skräck och förtvivlan på perrongen i Auschwitz där tågfångarna föstes åt höger och vänster och där föräldrarna drogs bort från henne och hon fick en aning om vad den illaluktande röken från den stora skorstenen kunde betyda. Hon ville delge lyssnarna känslan av förnedring när hon av en mansperson kläddes av alla kläder och rakades på huvudet, under armarna och mellan benen. Hon ville ge förståelse för sin förtvivlan över föräldrarnas sista levnadsminuter i gaskammaren, för den ständiga oron för småsystrarna och för ovissheten om vad som skulle hända henne själv. Hon ville ge en bild av den slaktdjurspåminnande dysterheten i fångbaracken och en känsla av den ständiga hungern och törsten. Hon lyckades. Utan tevekonsultåthävor. Stilla, med äkta allvar, med äkta känsla.

Vad Hedi Fried inte förmedlade var lägerpersonalens tankar och känslor. Auschwitz har karaktäriserats som den yttersta ondskan. Alla deltog inte i behandlingen av de nyanlända, i vaktandet av de instängda, i Mengeles medicinska experiment och i hanteringen av de döda kropparna. Men alla visste. Alla stannade kvar. Alla gjorde vad de skulle. Mer eller mindre frivilligt. Mer eller mindre fast i lusten att uppleva den reella skräckfilmen. Mer eller mindre påverkade av rädsla för vad som skulle hända om man öppnade sig och talade om vad man tänkte om det ena och det andra, eller om man skulle säga upp sig.

I Hitlers koncentrationsläger var det nog bäst att anpassa sig. Det var väl som för soldaterna i kriget, man måste förråa sig, man måste förtränga föreställningen att alla människor är människor och att alla människor oavsett ras och religion kan ha samma sorts känslor som man själv. Man måste träna upp förmågan att se judar som tillhörande en mänsklig avart som utgjorde en fara för det tyska riksbygget. Man måste lära sig att judarna var rikskanslerns värsta fiende.

Heil Hitler!

Man måste träna upp förmågan att göra saker med judar som vore otänkbara med riktiga människor. Man måste lära sig att se judar som äckliga sniglar som man kan skära i bitar utan att det bekommer en något.

Heil Hitler!

'Hell dig, härskare!' Hyllning kommen från hjärtat? Från slavunderdånigheten?

Kan sådana frågor förklara de djävulska ondskefullheter som lägerpersonalen deltog i? Kan de utgöra något slags försvar? Ja, såtillvida att ondskan i Auschwitz inte hade sitt ursprung i dem som var satta att utföra den. Det var – även i det ockuperade Polen – Hitlers idéer om den ariska rasens överlägsenhet och judarnas skuld till Versaillefredens skadeståndskrav som var ondskans rot. Det var den påtvingade massentusiasmen för Hitlers idéer och person. Det var Hitlers ondska och det var nazismens smitta som hade drabbat lättpåverkade delar av folket som en pest.

Heil Hitler!

I Auschwitz drabbade ondskan offer och utförare på olika sätt. De judiska offren måste ha upplevt den som en mardröm i infernos nedersta krets med förstörda kroppar men ännu levande själar. Bödlarna och de andra medverkarna förlorade snart förmågan att känna glädje av det de gjorde, och de förlorade också förmågan att känna ångest och ruelse. De hade förråat sig själva till den grad att deras själar blivit förruttnade rester. De hade själva blivit ondskans offer.

Den slutliga lösningen: döda alla judar.

Lika genialt som att döda alla råttor och att utrota alla maskrosor. Därmed inte sagt att judar är att jämföra med råttor och maskrosor.

Kan det finnas någon slutlig lösning på ondskeproblemet?

Tyvärr inte. Ondskan går inte att döda.

Vi hör och läser om den varje dag. I mitten av juli 2015, då jag skrev utkastet till det här kapitlet, handlade det om en sextonårig muslimsk flicka i Sverige som lockats att resa till Syrien för att delta i Islamiska Statens kamp, om sju–åtta-åriga flickor i Nigeria som kidnappats av Boko Haran och använts som mänskliga bomber, och om israeliska soldater som bordat en Ship to Gaza-båt och torterat idealisterna ombord kroppsligt och psykiskt.

Åren därefter har det varit IS' terrorhandlingar som upprört allas sinnen. Att bombningar av IS-fästen i Syrien och Irak också drabbar civila och IS-förslavade kvinnor och barn, det reflekterar man inte så mycket över. Inte heller att sådana bombningar kommer att stärka hatet hos extrema muslimer i storstädernas bakgårdar.

Det onda lever vidare.

Men, som Tomas Tranströmer säger, det finns någonting annat.

KVÄKARNA

En dag sommaren 2015 fastnade jag i Dagens Nyheters kulturdel vid rubriken 'En oväntad förbindelse mellan Tranströmer och Fogelklou'. Vad som döljer sig under namnet Fogelklou avslöjades i ingressen: 'På tisdag begravs Tomas Tranströmer. I dag berättar idéhistorikern Jan Häll om en överraskande likhet mellan nobelpristagaren och kväkaren Emilia Fogelklou.'

Kväkaren Emilia Fogelklou således. Jag trodde hon var mera känd som författare. Men låt gå. Hon var alltså också kväkare. Och Tomas Tranströmer hade något att göra med kväkarna. De upplysningarna gav mig anledning att gå till källorna (en av dem Jan Hälls artikel) och ta reda på mer om dem.

Kväkarna, the quakers, de skälvande, skakande. Ordet var för mig förenat med obehag, och jag associerade till skälvande munnar och skakande armar i tungomålstalande frikyrkosekter. Jag hade tidigare inte inspirerats till att studera kväkarna närmare. Jag visste inte stort mer än att William Penn tillhörde det vännernas sällskap som på 1600-talet tagit sig över Atlanten och slagit sig ner i det från början svensk-nederländska nybyggarområde som blivit engelsk koloni och som kom att kallas Pennsylvania, Pennskogen. Han var ett viktigt led i den engelska kolonisationen av Amerika, men på vad sätt han hade särskild betydelse hade jag inte gjort klart för mig.

Kväkarna, skälvarna, skakarna. Vad kunde det vara hos dem som lockade begåvade människor som i första hand William Penn och sedermera presidenterna Herbert Hoover och Richard Nixon och de svenska författarna Jeanna Oterdahl, Elin Wägner och Emilia Fogelklou att söka medlemskap? Vad var det som gjorde Tomas Tranströmer intresserad?

Svaret kan sökas i kväkarnas gudsbild. Gud kan inte beskrivas, menar de. På samma sätt som Platon såg människorna bundna i en grotta med ögonen vända inåt utan möjlighet att se livet utanför grottmynningen som annat än skuggbilder, ser kväkarna dem som begränsade av det världsliga och utan förmåga att se och avbilda den övermänskliga värld som Platon kallade idévärlden och som de kristna kallar Guds himmel. Kväkarna menar att människotankar aldrig når över de mänskliga begränsningarna och att skrifter författade av människor aldrig kan sägas vara Guds ord.

De är mycket fromma, de läser Bibeln med största allvar, de begrundar evangelierna och Paulus och profeterna och de upplever Gud bakom orden. Gudainspiration kan de således tänka sig. Men inte bara från skrivna ord. De har en tro att Gud finns överallt och att han finns med i bruset av tankar och känslor i varje människas själ.

Men att Gud skulle ha dikterat evangelisternas berättelser kan de inte tro. Gud är så mycket mer än det människor förmått skriva ner. Bibeln är inte Guds ord utan ord om Gud. Gud kan man inte veta mer om än vad skummet på ytan säger om havsdjupets innehåll. Enda möjligheten att få kontakt med honom är att koppla bort det världsliga och stilla sig i meditation. I stället för att låta sig påverkas av en undervisande präst lyssnar kväkarna till vad vännerna i församlingen har att säga om ingivelser de fått under meditationen. Inga krav ställs att tro på mer än möjligheten av något slags gudomlig påverkan.

I kväkarnas kretsar på Penns tid fick alla som ville vara med. Alla som var intresserade fick vara med, även icke-kristna som de indianer de fick att göra med i Pennsylvania. Kväkarna värderade människor efter hur de trodde att Gud värderade dem. Hudfärg, klädsel och kulturell egenart var oväsentligheter. Gud fanns i varje människas själ, det var det viktiga.

Alla människors lika värde. Det borde vara ett signum för det kristna, men är det inte på ett självklart sätt. Även i kristna stater är makt och pengar viktigare än medmänsklighet, och på William Penns tid var i de amerikanska kolonierna anskaffande och ägande av mark viktigare än ursprungsfolkens möjligheter att leva sitt liv.

Även kväkarna tog för sig, men de skilde sig från andra erövrare på det viset att de respekterade indianerna och inte drog sig för att i samtal lyssna på dem och försöka förstå dem och få ett gott förhållande till dem. Hudfärgen hade inget att göra med det mänskliga. Inte heller den sociala statusen. De kunde se svarta slavar som inför Gud likvärdiga med engelska kolonisatörer.

Men det var att gå för långt, menade många rättroende anglikaner. Det antyddes att kväkarna var kätterska och hädiska. Det påstods om grundaren av vännernas samfund George Fox att han farit med lögner om att Gud skulle ha talat med honom. Och han skulle ha sagt att bilden av Gud inte är riktigt densamma i moseböckerna, profeterna, de fyra evangelierna och Pauli brev och att man blir osäker om hur Gud är om man bara läser Bibeln. Men Gud finns i varje människa, har han sagt, och man kan få veta vad Gud vill genom att lyssna inåt i sig själv. Fox har förnekat de heliga skrifterna, sades det. Han är en hädare. Vad kan man vänta sig av dem som anslöt sig till honom?

Man kunde inte vara nog försiktig. När skeppet Swallow 1656 anlöpte Bostons hamn fanns en order från självaste guvernören att två kvinnliga kväkare, Mary Fisher och Ann Austin, skulle hållas kvar på båten. I deras bagage hittade man hundra böcker med, som man menade, sedefördärvande innehåll. Böckerna brändes. Kvinnorna kläddes av nakna och fick sitta i fängelse utan ljusinsläpp drygt en månad. Så behandlades de första missionärerna som kväkarna skickade till Nordamerika. Av kristna. På liknande sätt behandlades många kväkare hemma i England.

Men det blev ljusare tider. William Penn köpte i början av 1680-talet land väster om Delawarefloden av indianerna. Han for själv dit, sammanträffade i vänskaplig anda med indianhövdingar och kom fram till hederliga överenskommelser om hur nybyggare och indianer skulle kunna leva sida vid sida. Sättet att behandla indianerna som lägre stående varelser som man hade rätt att med vapenmakt köra ut ur det land man ville ha var ingenting för Penn.

Indianerna var annorlunda än europeerna men för den skull inte sämre. I Guds ögon var de lika mycket värda, och den kristna regeln att älska sin nästa gällde även dem. Typiskt för hans inställning var att han kallade en ny bosättning vid Delawarefloden för Philadelphia, vilket betyder broderskärlek.

Under några årtionden var William Penn den som präglade Pennsylvania, som statsbildare, guvernör och lagstiftare. Hans vilja till fredliga samförstånd och positiv samverkan gav lugn i området och en god ekonomisk utveckling. Detta trygga liv präglade provinsen under lång tid.

Men saker och ting förändrades. Även andra än kväkare sökte sig till det goda landet, och alla hade inte samma inställning som de till annorlunda färgade människor. Under kolonialkriget efter mitten av 1700-talet, då mohikaner stred på engelsmännens sida och huroner på fransmännens (som i Coopers *Den siste mohikanen*), var av andra skäl allas likaberättigande ett impopulärt uttryck, och efter självständighetskriget blev det svårt att hävda något slags särart i förhållande till de övriga amerikanska staterna.

Men kväkarna vågade även i fortsättningen vara annorlunda. De hävdade sin rätt att tro och leva som de ville på ett odogmatiskt sätt med medmänsklighet som moralisk grund och med tanken att Gud finns i varje människa som ett trosfundament. Deras antal har minskat, men man räknar dem fortfarande i tusental i Pennsylvania och i Storbritannien. I Sverige finns det kanske hundra.

Men det var inte mängden medlemmar som lockade teologen och författaren Emilia Fogelklou att söka medlemskap och som gjorde Tomas Tranströmer intresserad. Det var innehållet i trosläran, det var tanken att det människor förmår uppfatta av det gudomliga bara är som en spegelbild i grumligt vatten. I Emilia Fogelklous minnesbok *Arnold* har den uttryckts så här:

Det är svårt att skriva om andlig erfarenhet. Den mäts inte efter sitt litterära uttryck. Den är lik havsdjupens ting som mister sitt rätta väsen när den dras upp på landbacken. Sjögräset blir en grön strimma, tången en brun trasa, maneten ett litet dött slem.

Tomas Tranströmer blev aldrig medlem i kväkarsamfundet, men det var nära att han blev det. Per Wästberg minns ett möte med honom i ungdomsåren då han anförtrodde att han hade planer att 'gå in i kväkarrörelsen'. Det är väl troligt att han påverkats av Fogelklou, och även om han inte blev en ansluten kväkare, hade han kvar sin känsla för sekten. I *Östersjöar* på sjuttiotalet tog han upp Fogelklous bild av svårigheten att visa upp det gudomliga till världsligt beskådande:

Tar man upp dem (maneterna) ur vattnet försvinner all form hos dem, som när en obeskrivlig sanning lyfts upp ur tystnaden och formuleras till död gelé; ja, de är oöversättliga, de måste stanna i sitt element.

Fogelklou och Tranströmer, två inte bara kulturellt utan i hög grad intellektuellt begåvade personer, som vågat utsätta sig för de intellektuellas förakt genom att ta till sig idéer från en besynnerlig frikyrklig sekt. Förhoppningsvis kan de inspirera andra till att göra detsamma. En och annan intellektuell kan fås att inse att det kan vara värt en ansträngning att studera kväkarnas tänkande med avsikt att förstå och inte att kritisera och håna.

Det kan påpekas att liknande idéer sysselsatt två av historiens mest kända ideologer, mäster Eckhart och Dag Hammarskjöld. Och även en mindre känd, Frank Buchman.

ECKHARDT OCH HAMMARSKJÖLD

Dag Hammarskjölds *Vägmärken* inleds med följande ord på en i övrigt tom sida:

Endast den hand som stryker ut
kan skriva det rätta

Man undrar vad Hammarskjöld kan ha menat med detta, och man undrar varför redaktören valt att trycka det med spärrad stil. Kan det vara ett citat? Är det fråga om en regel i sökandet efter en djupare sanning? Vad är det som måste strykas ut? Vad är det rätta som man därmed får möjlighet att uppfatta?

Förre ärkebiskopen K G Hammar gav ett svar när han på Hammarskjölds hundraårsdag 2005 talade om den ideologiska grunden till Dags *Vägmärken*. Han framhöll att *Vägmärken* på flera ställen visar hän till mäster Eckhardt, den medeltida mystikern som predikade om 'Guds födelse i människans själ'. Eckhardt menade att Gud bara kan födas i människans själ om hon stryker ut allt det som kan uppfattas med mänskligt förstånd och mänskliga sinnen. Gud finns där djupt inne, men man måste rena sig från det av hjärna och sinnen styrda för att bli i stånd att höra honom.

'Endast den hand som stryker ut kan skriva det rätta.' Eckhardts nyckel för att från det mänskliga intellektets självtillräcklighet öppna till det oändligt större.

Vem var då mäster Eckhardt?

Han var en dominikanermunk från Thüringen i mellersta Tyskland som levde åren runt 1300 och tog intryck av Thomas av Aquino. Det var skolastikens tid då Aristoteles blev läromästaren och man med förnuftets hjälp sökte förklara och bevisa de kristna trossatserna. Hos honom fann Eckhardt 'det sunda förnuftets filosofi', som skilde mellan materia (byggstenarna för tänkandet) och form (den färdiga byggnaden). Den fulländade formen eller idén (det ideala) finns inte i människovärlden, men det är den som människan genom livet måste söka vägarna till.

Platon kallade det övermänskliga vetandet 'idévärlden' och han menade att man måste frigöra sig från all mänsklig strävan för att få kontakt med den. Eckhardt kom fram till samma slutsats. För att nå in till den av rum och materia oberoende mystikens värld måste man bryta sig ut ur skolastikens förnuftsstängsel. Det obegripliga kan inte uppfattas med mänskliga instrument, menade han. Det gudomliga ger sig tillkänna bara för den som kan inse gränsen för vad förnuft och sinnen kan leda fram till och som vid den gränsen inte låter sig störas av det mänskliga.

Det låter vackert. Men hur kan det gå till? Hur kan man uppfatta något utan hjälp av förnuft och sinnen?

Genom meditation, skulle kanske Eckhardt säga. Genom att i kontemplation och ordlös bön ge själen aningen av kontakt med det gudomliga Varat, det som är och alltid har varit, evigt, tidlöst. Han talade om Guds födelse i människan "när alla vår själs krafter som varit bundna och fångna blir lösta och fria, så att vårt samvete inte längre straffar oss och det blir tyst med alla våra avsikter."

Eckhardt talade också om ett mänskligt 'vara', ett existerande oberoende av tiden. I en av sina predikningar säger han: "Människorna borde inte tänka så mycket på vad de skall *göra*. De borde mera tänka på vad de skall *vara*. Ty vore människorna goda och deras sätt gott, så kunde deras verk (gärningar) bli goda. Är du rättfärdig, så är dina verk rättfärdiga. Tro ej att du kan vara hel i det du gör; man skall vara hel i det man är."

Han undrade: Vad är handlingar värda om de är behäftade med egoism, vinstbegär, beräkning eller falskhet? Det värdemässigt viktiga hos människan finns i hennes sinnelag. Att genom handlingar *synas vara* god är långtifrån alltid detsamma som att *vara* god. *Görat* måste utgå från det tidsoberoende *varat*, inte från människolivets skiftande bevekelsegrunder.

Görat och varat.

Ord som inte är helt lätta att definiera. Vad 'görat' betyder kan vem som helst förstå, men hur ska man översätta 'varat'? Är det detsamma som jordelivet, tillvaron, existensen? För existentialisten är det förstås bara det, men hur var det för Eckhardt? Var det för honom något djupare, något som har med det eviga 'varat' att göra? Menade han att det gudomliga 'varat' har något slags förbindelse med livet? Kunde han mena att det är en källa som själen alltid har kontakt med men som medvetandet normalt stängs ute från av det världsliga vetandet och tänkandet?

"Människorna borde inte tänka så mycket på vad de skall *göra*. De borde mera tänka på vad de skall *vara*."

Tänka på således. Som man måste göra i jordelivet.

Eckhardt var inte bara mystiker, han var i högsta grad en levande människa, verksam som lärare, föreläsare och författare. Han visste vad som krävdes för att livet i det mänskliga samhället skulle fungera. Han var och förblev dominikanermunk och insåg att regler var nödvändiga för en välfungerande munkorden. Men han var öppen för det franciskanska fattigdomsidealet och skulle gärna se ett samhälle där man värderade i annat än pengar. Och han såg en möjlighet att förverkliga det samhället om man gjorde till regel att alltid bygga på fast och pålitlig grund. 'Varat' måste gå före 'görat'.

Men människan måste få hjälp för att kunna göra sig en rättvisande bild av 'varat'. Eckhardt såg Jesus som den som Gud gett en smittande förmåga att så sin ande i människornas hjärtan. Och det var inte bara Jesus han såg som gudainspirerad. Han kunde mycket väl tänka sig att Gud genom historien gett av sin ande till flockledare, mödrar, fäder, lärare och profeter. Han fick kritik från kyrkans biskopar, men han hävdade att det ingenstans i Nya testamentet står att Gud inte vill inkarnera sig i någon annan än Jesus.

Och varför inte? Alla som i halvvaket tillstånd fått tankar och känslor som bryter mot de normala egocentrerade kan ha känt det som impulser från något bättre än de själva. Det har förstås ingenting med inkarnation att göra, men de oanade impulserna kan ha öppnat ögonen på oss för vad köttets lustar har för brister och gett oss lust att frigöra oss från det köttsliga.

Endast den hand som stryker ut
kan skriva det rätta.

Dag Hammarskjölds motto för sina *Vägmärken*. Som FN:s generalsekreterare på femtiotalet fick han ofta skäl att begrunda mäster Eckhardts tankar om vad som måste vara grunden för mänskligt tänkande och handlande. I FN:s salar var motiveringarna för vad som var rätt och riktigt och nödvändigt lika många som antalet talare, de vackra ord som användes hade olika betydelse beroende på ideologi och maktställning, och tyngden i argumenteringarna stod i proportion till de pengar och fördelar som kunde vinnas. FN-chefen måste förhålla sig neutral både beträffande de arbeten han ansvarade för i kansliet, de anföranden han höll i kongressen och säkerhetsrådet och de uttalanden som via massmedia kom till allmänhetens kännedom. Han var bevakad av felfinnare, och han måste alltid vakta på sina ord. Han hade goda vänner, kloka människor som ville hans och världens bästa. Men stundtals kände han ändå behov av ett djupare stöd. I Platons och Eckhardts efterföljd ville han söka det i idévärlden, i det eviga och oföränderliga varat.

Först 'varats' ingivelser, sedan efter djup begrundan 'görat'.

Hammarskjölds vägmärken kan sägas vara rösen vid viloplatserna under hans vandringar över fjällhedarna. Där har han tagit av sig packningen med vetande och tänkande och öppnat sig för den eviga intelligens som han kallade Gud.

Alltsedan ungdomen hade han reell erfarenhet av fjällvandringar, företrädesvis i Sarek- och Kebnekaiseområdena, och han visste vad det innebar att rasta på en vindskyddad plats med utsikt över fria vidder. De intryck av ren och friväxande natur han mötte där var befriande skilda från människovärldens makt- och penningjakt och murbyggande omkring det egna. Där kunde han öppna ögon och själ för allt det av vinstbegär befriade och av en annan sorts rikedom än den av den mänskliga marknaden karaktäriserade. Där kunde han i stillhet och äkta glädje låta sig fyllas av naturens skönhet. På viloplatserna kunde han bygga sina vägmärken och låta dem som små rösen smälta in i omgivningen.

"Icke jag utan Gud i mig" är ett sådant oansenligt röse. Inte mina mänskliga bevekelsegrunder utan Guds, ville han säga. Måtte Guds 'vara' få vara grunden för mitt mänskliga 'vara'.

Sådan var han, Dag Hammarskjöld. Sådan ville han vara.

Jag har valt ut några vägmärken som porträtterar honom från olika synvinklar:

"Du som är över oss,
du som är en av oss,
du som är –
också i oss,
må alla se dig – också i mig, – – –"

"Behandla andra som mål och icke som medel. Och mig själv som
mål endast i min egenskap av medel – – –"

"Att satsa på sin möjlighet –. Varför? Offrar han sig för andra men
för sin egen skull – i sublim egocentricitet? Eller förverkligar han
sig själv för de andras skull? Skiljelinjen mellan omänniska och
människa. – – –"

"Oro, oro, oro – – –
Hur död kan inte en man vara bakom en fasad av stor duglighet,
plikttrohet och ambition! Prisa oron som tecknet på att där ännu
finns liv."

*"Förlåtelse är svaret på barnets dröm om miraklet genom vilket det
trasiga åter är helt och det fläckade alltjämt är rent."*

*"Respekt för ordet är ett första krav i den disciplin genom vilken en
människa kan fostras till mognad – intellektuellt, emotionellt och
moraliskt.*
*Respekt för ordet – dess bruk med strängaste omsorg och i omutlig
inre sanningskärlek – är också för samhället och släktet ett villkor
för växt.*
*Att missbruka ordet är att visa förakt för människan. Det under-
minerar broarna och förgiftar källorna. Så för det oss bakåt på
människoblivandets långa väg.– – –"*

Dag Hammarskjöld var noga med att själv använda de ord som
stod i samklang med hans innersta känsla och moraliska vilja.
Han var ingen moralist som påpekade ordval där det moraliskt
rätta fått stå tillbaka för det avsiktsfrämjande. Men han plågades
säkert av opinionsbildarnas sätt att i tal och propaganda välja ord
som inte hade mycket med det sanna att göra utan bara var avsed-
da att påverka.

'Endast den hand som stryker ut kan skriva det rätta' var hans
motto. Han ropade inte ut det i de politiska salarna, men genom
att aldrig ge möjlighet till tvivel på hans ärlighet och vilja till rent
spel kunde han kanske påverka sinnet på dem som lärde känna
honom och få dem att skämmas lite grann över sina egna moralis-
ka ofullkomligheter.

'Endast den hand som stryker ut kan skriva det rätta.'

Vi lever i en tid då de som kan påverka världens öde samlas till
dyra kongresser där kloka och okloka ord sägs och viktiga beslut
fattas. Mammon är den gud som åkallas, och även om naturen
med växt- och djurliv sägs vara viktig så är alltid den penningeko-
nomiska tillväxten viktigare. Det ska inte längre vara skillnad mel-
lan fattiga och rika, men för att uppnå jämlikhet får inte de rika bli

fattigare utan oberoende av hur många planeter som krävs ska de fattiga bringas till samma ekonomiska nivå som de rika.

Stryk ut! skulle Dag Hammarskjöld ropa om han fortfarande levde. Öppna er för verkligheten. Se livet, naturen och människosjälen! Se sanningen! Se och begrunda! Försök sedan att skriva det rätta!

Solen ler.

Och tiggarkvinnorna som sitter vid varuhusentréerna och fryser och får ont i kroppen, de försöker le de också. Men de som går in i affären med fyllda plånböcker och ut med fyllda kassar, de ler inte. De kniper ihop läpparna och låtsas att de hjälpbehövande är luft när de går mot sina bilar. Ägnar de dem någon tanke så är det kanske att den sortens arbetsskygga individer inte borde få skapa otrevnad varenda gång man ska ut och handla. Det borde inte finnas utrymme för romer i ett land som Sverige, fnyser de.

Ja, de ärbara svenskarna klagar och använder förklenande ord om dem som inte hör hemma i landet. Även de ärbara i kommunal- och riksdagshus och i de stora dagstidningarnas redaktioner använder nedsättande ord om dem som är annorlunda, om dem som har andra ideal än de dagsaktuella och outtalat påbjudna. Det må vara moriska tiggare (som inte får benämnas med det vackra ordet zigenare) och deras stöttare som åthutas, det må vara flyktingar från terror-, krig- och torkatyngda länder och deras välkomnare, det må vara naturvänner som drar fram miljöhotet i opassande sammanhang.

De ärbara svenskarna tycker att pengar är viktigare än miljö. De som anser sig mest ärbara kan kämpa för att sänka inkomstskatterna för de rikaste för att de ska kunna konsumera maximalt och därmed gynna produktionen. Att ökad produktion tär på naturtillgångarna och förgiftar atmosfär och havsvatten är oviktigt i sammanhanget. Klimatförändringar är något man måste lära sig tåla.

En ansvarskännande politiker måste vara inriktad mot nästa val. Hen må ha ideal, men de får inte vara av sådan natur att de strider mot väljarnas sätt att tänka och reagera. Om väljarna visar att de hellre vill köra bil än åka buss och att de hellre vill flyga till varmare delar av världen än huttra på svenska badstränder, då får hen inte tala om avgaser och inte heller om syreförbrukning i motorer och minskad syreproduktion från skogarna, och då får hen inte andas om att naturens tillväxt kan vara viktigare än penningens.

Idealism i all ära, men för politikern måste väljarnas intressen prioriteras, och för journalisten är det läsarnas, lyssnarnas och tittarnas reaktioner som är avgörande för ämnesval och presentation. Folket måste få det som det vill ha, och det populära måste göras aptitretande. Samtidigt som det inte får verka omoraliskt och idélöst.

Men ren idealism ses sällan som något positivt, och särskilt ovanligt är det om de ideella strävandena kan uppfattas som hot mot ens egna. På en tidning som ser penningens tillväxt som viktigare än naturens uppfattas naturentusiaster som hot mot välfärden, på en tidning som hyllar friheten att tillfredsställa själviska lustar ses etiska normer som diktatoriska angrepp på det sant mänskliga, och på en tidning som tycker att inköp av effektivt dödande vapen är särskilt väl använda pengar uppfattar man moralisk upprustning som motsatsen till modigt försvar av det egna.

Moralisk upprustning således. I en tid av vapenskrammel.

Andlig och moralisk upprustning. Motsatsen till militär upprustning.

Frank Buchmans idé, som han torgförde med Oxfordgruppen under mellankrigstiden och som påstods ha anknytning till nazismen. Insinuationer med skvallerverkan. Uttrycket 'moralisk upprustning' fick dålig klang.

I förordet till sin bok om Frank Buchman erinrar tidningsredaktören Nils Gösta Ekman om vad som hände med hans minnesruna efter Buchmans död 1961. Det var en förhållandevis kort artikel där han framhöll "att Frank Buchman på 30-talet gjort en märklig insats i Nordens andliga liv som ledare för Oxfordgruppsrörelsen". Buchman var ett känt namn på den tiden, inte minst i Sverige där han hållit ett bejublat och förhånat tal i Visby. Det hade varit naturligt att publicera minnesrunan. Men Ekman fick den tillbaka. Chefredaktören hade refuserat den med motiveringen 'Ingenting får skrivas i min tidning om Frank Buchman'.

Desto angelägnare blev det då för Nils Gösta Ekman att skriva om den utdömde och göra klart att Frank Buchman visserligen haft idéer om att försöka påverka dem som hade diktatorisk makt över massorna, bland dem Hitler, men att han sannerligen inte var någon nazist. Tvärtom. I praktiskt taget allt var han Hitlers motsats. Framför allt ville han inte bunta ihop människor till likatänkande och likareagerande flockar. Varje människa var för honom en dyrbar individ som inte fick tvingas till lydnad utan som bara på eget initiativ kunde söka ledning. Och den rätta ledningen kunde man inte få genom att underordna sig andra människor utan genom att i tysta meditationsstunder söka uppfatta ingivelser från Gud.

Man anar något slags påverkan från kväkarna. Och mycket riktigt: Frank Buchman hade vuxit upp i Pennsylvania, och han kunde inte ha undgått att höra om deras grundtankar. 'Gud finns i varje människa' var en av dessa, som han tog till sig. 'Genom att i tystnad koppla bort sina världsliga tankar kan man få kontakt med honom' var en annan. Den stilla stunden kom att bli lika viktig för Oxfordgruppen som den var för kväkarna.

Men Frank Buchman var öppen för intryck även från icke-kristna. Han reste mycket, och hade överallt vaket sinne. Han tog till sig allt som han uppfattade som goda ingivelser. Han uppsökte och samtalade med tänkare av alla sorter. Från Indien berättas om "två män, den ene västerlänning, den andre indier, på en sandstrand i Madras. Under de följande trettio åren skulle de var för sig bli kända världen över. Båda skulle bli nära vänner till statsmän och få inflytande över miljoner människor. Indiern var min farfar, Mahatma Gandhi, som mördades av en fanatiker. Västerlänningen var Frank Buchman." Den som berättade var Rajmohan Gandhi.

Mahatma Gandhi talade inte så mycket, han verkade genom

sitt föredöme. Frank Buchman kunde under besök i Sverige hålla ett tal i Visby, och det räckte med det. Han ville nå in till det innersta i dem han mötte, han ville i direkta möten väcka lusten att lyssna inåt mot det gudomliga i själen. De som förstått och fått egna upplevelser och vilja att föra dem vidare, de skulle göra det. Så skulle budskapet spridas som vågor på havet.

”När människan lyssnar, då talar Gud.”

Det var huvudbudskapet. Och Buchman kunde tillägga: Även när människan inte vill lyssna, kan det vara Gud som talar. Med samvetets röst.

Och när människan skrattar, inte därför att en självständigt tänkande politiker har fått sig en snyting eller därför att tiggarkvinnan jämrar sig i kylan utan därför att den rena lyckliga glädjen fyller henne, då kan det vara det gudomliga i själen som ger sig tillkänna.

Och när himlen är blå och träden gröna en solig majdag och när sädesärlan hoppar omkring på gräsmattan och bofinken och koltrasten tävlar om vem som kan sjunga vackrast och när lyckokänslan lyfter bröstkorgen och kinderna, då kan det vara det gudomliga i livet som visar vad det är för något och ger en särdeles stark lyckokänsla.

Så Gud behöver inte alls vara tråkig. Det var Frank Buchman noga med att påpeka. Gud finns i det oförfalskade i det lilla barnets skratt, han finns i den rena naturen och i konst, litteratur och musik som inte har popularitet och pengar som drivkraft. Han finns i det äkta, det rena, oförfalskade.

Därför, sade Buchman, om man vill möta Gud måste man göra sig så ren som möjligt. Om man vill vara osjälvisk ska man inte vara det för att få poäng hos Gud, om man vill vara kärleksfull ska man inte vara det för att i första hand vinna andras kärlek, om man vill vara ärlig ska man inte vara det av solidaritet med den egna gruppen utan med det man innerst inne uppfattar som det absolut sanna och riktiga.

Ärlighet, renhet, osjälviskhet, kärlek. Buchman talade om de fyra 'absoluterna', och från motståndarlägren fick han kritik för det. Och ordet kanske inte var så väl valt. Det var förstås inte fråga om några uppfostrarkrav som skulle leda till osäkerhet, rädsla och ständigt oroligt samvete. Vad det var fråga om var det otvetydiga, det äkta, rena, oförstörda, det som inte hade med uträknande att göra, med egna fördelar, egna vinster.

Det var fråga om andlig upprustning. Buchman använde uttrycket 'moralisk upprustning', på hans eget språk 'Moral Re-Armament', förkortat MRA. Även här kan man tycka att ordvalet inte var det allra bästa. Ordet moral kommer av det latinska mores, seder. Att vara moralisk skulle i den bemärkelsen innebära att rätta sig efter sederna, de hävdvunna reglerna. Det blir en fråga om lydnad av inarbetade världsliga regler. Men det var ju inte den sortens lydnad Buchman var ute efter. Det var inte moralism han ville ha, blind lydnad av bestämda levnadsregler. Det var moral i betydelsen hålla sig ren i sinnet, vara ärlig, osjälvisk och kärleksfull. Och alltid lyssna på samvetet och hämta ingivelser från det innersta i själen.

Nej, någon moralist ville inte Frank Buchman vara. Inte heller hans lärjungar och efterföljare. Moral i betydelsen vilja att rätta sig efter samvetet är för dem det viktiga, moralism med regelbok och lydnadskrav ser de som något själsligt förstelnande. Eftersom 'Moralisk upprustnings' kritiker har vägrat att förstå och inte velat skilja mellan moral och moralism, har man på senare tid ändrat namnet på samfundet till 'Initiatives of change' (någon svensk översättning finns inte).

Förändring, således, är det man vill åstadkomma. Och ser man ut över världen av idag finns det all anledning att önska lycka till. Det viktigaste i alla stater tycks vara penningens tillväxt. För den skull har man exploaterat naturen så att det inte finns mycket av det ursprungliga kvar, och man har förgiftat luft och vatten med fabriksutsläpp och smutsigt avfall. Makt är det därnäst viktigaste. I diktaturstater hindrar man den fria tanken med lögnaktig propaganda, man använder stridsvagnar och kanoner för att lösa konflikter, och genom hotelser tvingar man stater som vill vara fredliga att rusta för miljarder. I marknadsekonomierna värderas varor och människor efter vad som går att sälja. Politiker i demokratier kämpar främst för sådant som kan ge röster i nästa val. Radio- och TV-redaktioner satsar på det säljande, på populärunderhållning och populärkultur.

Pengar, makt, popularitet. 'Allting går att sälja med mördande reklam, även söt konserverad gröt' sjöng man på min ungdoms fyrtiotal. Mussolini sålde fascism, Hitler nazism, Mammon egoism. Frank Buchman ville åstadkomma förändring, utan mördande reklam. Hans arvtagare i 'Initiatives of change' fortsätter med hans strävan.

Jag har lärt känna några av dessa arvtagare. En av dem hette (hon dog tyvärr alltför ung) Gerd Jonzon, och hon var min frus syster. Jag lärde känna henne redan under gymnasieåren på Uppsala Högre Allmänna Läroverk (numera Katedralskolan), där vi i den kulturella föreningen Artis Amici satt i samma styrelse. Hon hade intelligensen, det goda omdömet, känslan för det sköna. Hon spelade piano och hon skrev dikter. Diktskrivandet fortsatte hon med, även sedan hon tio år senare träffat prästen Bror Jonzon och förenat sina strävanden med hans.

Bror hade med sig minnen från de år på femtiotalet då han verkat i buchmansk anda i Ruhrområdet i Tyskland. Det hade börjat med en teaterpjäs i industrimiljö som spelats på MRA-centret Caux i Schweiz och som gästande politiker från Tyskland och Frankrike tyckte borde visas för industrianknutna i Ruhr. Det fanns efter två världskrig en oförsonlighet kvar mellan de båda länderna som måste överbryggas. Man kunde inte fortsätta att skylla allt på de andra, man måste ta på sig sin del av skulden, man måste försonas. Industriarbetarna kunde gå före med gott exempel, liksom ingenjörerna och företagsägarna. Man kunde inspireras av den här teaterpjäsen och av filmer och vissångare och komiker. Många kulturarbetare kom till Ruhr. Bror deltog med det han kunde göra, tolka, översätta, lyssna. Han bodde hos en gruvarbetare och sov i en alldeles för kort säng så att han fick lägga upp fötterna på en spiselhäll. Men han mådde gott.

Bror lärde av industriarbetarna i Ruhr. Gerd lärde av Bror.
Lyssna bara, fick hon lära sig. Lyssna bara. Och hon inte bara lyssnade. Hon tänkte, och hon gjorde dikter av det hon tänkte.

En av dikterna kallade hon 'Sång till någon':

Säg mig bara
vilket språk du talar
säg mig vad du lyssnar till för röst
som en fågel bullerskadad
huttrande och hungrig efter tröst

säg mig bara
säg mig bara

Om du finner ensamheten större
än vad du kan bära – stanna kvar
lyssna i det tomma rummet
lyssna till det innersta du har

lyssna bara
lyssna bara

Under många år reste Gerd och Bror runt i världen och lyssnade och lärde och lärde andra att lyssna. Lyssna på den inre rösten,
lyssna på varandra. Lyssna för att förstå. Det kom att bli långa tider i Australien och Nya Zeeland, länder med urbefolkningar som
alltsedan de första europeernas invandring betraktats som vildar
och behandlats därefter. Dessförinnan hade de i två års tid bott i
Indien, efter inbjudan från Rajmohan Gandhi. Gandhi hade lärt
känna Frank Buchman och hade fångats av dennes idéer om försoning mellan folkgrupper genom lyssnande på varandra och sitt
eget innersta och genom givande hellre än tagande. De kom att bo i

kanten av harijans slum i Delhi. Harijans, Guds barn, var Mahatma Gandhis benämning på de kastlösa. Gerd och Bror bodde ytterst påvert jämfört med vad de gjort hemma i Sverige, men de tyckte att de hade det oförskämt bra jämfört med de kastlösa på andra sidan gatan. Där var det inte hus utan lerhyddor, idel lerhyddor i ett stort område där det saknades avlopp och elektricitet och där det var långt mellan vattenpumparna. Desto tätare var det mellan människorna. Det var inte lätt att hålla sig ren, och det luktade förskräckligt illa. Det var inte heller lätt att dela rättvist på det livsnödvändiga, så kiv och bråk och slitningar och ovänskap var vanliga.

Många sökte sig till huset där Rajmohan Gandhi bodde en kort och Gerd och Bror en längre tid. Från tidigt på morgonen till sena kvällen hade de besök av kastlösa. En av dem hette Babu Lal och var springpojke. Han var besatt av ett glödande hat till dem som utnyttjade honom och hans likar och spottade på dem. Han hatade de högkastiga, de rika, de engelska kolonisatörerna, de kristna. Han hade kommit att hata fyra harijans också. Han öste sitt hat över Gerd och Bror, och de lyssnade. De visade att de lyssnade och att de ville förstå. Och efter fyra dagar kom Babu Lal tillbaka, som en annan människa. Han och de som han hatat hade träffats och samtalat, en hel natt, och sedan hade de blivit vänner.

Babu Lal var en av dem som Gerd och Bror lyssnade på. Och det var tusentals andra.

Men Gerd fick ändå tid att skriva dikter. En av dem var den här:

Gör mig lyhörd i kaos
gör mig varm mot det kalla
släpp mig inte på glid
när allting vill falla

Låt mig bli mer än hygglig
Låt mig hata det ljumma
det gör ont visst att älska
det är stöld att försumma

Finns en väg ut på vidder
där isarna smälter
finns en väg in till hjärtat
där människan svälter?

Efter lång tid av utlandsvistelser kändes det skönt för Gerd och Bror att vila ut hemma i Sverige. Efter ett besök hos Birgittasystrarna i Vadstena fick Gerd och hennes goda vän Ingrid Ydén Sandgren idén att skriva ett sångspel om den heliga Birgitta. De läste Birgittas nedskrivna uppenbarelser och fastnade för den där hon ber: "Herre, visa mig vägen och gör mig villig att vandra den." I spelets inledande ballad, där den bönen blivit refräng, berättas om Birgittas liv, hur hon föddes på Finsta gård i Roslagen, hur hon uppmuntrade kungen att ändra sitt liv och kämpade för att påven skulle återvända från Avignon till Rom, och hur hon ständigt lyssnade till vad Gud ville uppenbara.

Ingrid Ydén Sandgren skrev replikerna, Inga Wieselgren skrev musik till Gerds dikter. Birgittas nedtecknade uppenbarelser gav uppslag till handling och texter, som i sången:

Birgitta, du skall vara mitt språkrör
Birgitta, ge din vilja till Gud!
Jag vill viska i ditt öra
jag vill tala i ditt hjärta
Birgitta, ge din vilja till Gud

Du skall tala till de mäktiga i landet
och säga dem så klart vad du hör
Du blir inte populär
om du säger som det är
men jag vill att du skall
säga vad du hör!

Det mesta i sångspelet var inspirerat av Birgittas egna ord. I en av sina uppenbarelser skriver helgonet, som hade erfarenheter av ladugårdar med djur: 'Denna kvinna är lik svansen på en ko som gått i dyn och stänker ner och förorenar alla, så ofta hon viftar omkring sig med svansen.' Gerd skrev:

Lite mera sångbart således, men troget Birgittas sätt att uttrycka vad hon ville förmedla. Gerd berättar att 'hon är en vaken iakttagare och hämtar gott om stoff från naturen och från livet på en stor gård. Husfrun på Ulvåsa talar alldeles naturligt om Gud som en skicklig väverska. Lika självklart kan hon likna Gud vid en höna som ligger och värmer sina ägg. Kycklingarna, människorna, måste själva börja inifrån med att knäcka skalen. Men så snart hönan märker att kycklingen vill komma ut blir hon ännu mer mån om den. På samma sätt vill Gud möta människorna med sin nåd.'

Och på samma sätt som Birgitta ville Gerd tala till dem som kom för att lyssna på sångspelet 'Visa mig vägen'. Folkligt och enkeltmed lättförståeliga bilder som de flesta hade egna erfarenheter av. Inga dyrbara scenbilder och dräkter. Med en regissör, Finn-Harald Wetterfors, som var nöjd med den lön som inte tyngde plånboken. Ändå så upplevelserikt och så stimulerande för tanken att även de med intellektuella anspråk blev tillgodosedda. Lyssna bara. Och inte bara lyssna. Låt tankarna komma.

Det gavs föreställningar hos Birgittasystrarna i Falun, Djursholm och Vadstena. Ryktet spreds och det kom inviter från Danmark, Finland, Estland, Polen och Rom. I Polen fick några ur truppen träffa Lech Walesa och fick tala med honom om behovet av förändring. I Rom fick de invit till Vatikanen och påven Johannes Paulus II. Om honom kunde sägas att han inte nöjde sig med att sköta sina reguljära sysslor. Som professor och kardinal i Polen hade han kritiserat den sovjetiska maktapparaten och på ett engagerat sätt bidragit till Polens frigörelse. Han blev uppfattad som en farlig motståndare till sovjetkommunismen, och han blev skjuten och invalidiserad av en bulgarisk Moskvatjänare. Men huvud och själ var oförstörda, han visste vem Birgitta var och vad hon betytt för den katolska kyrkan. Av Birgittasystrarna i Rom hade han blivit informerad om Birgittaspelet, han hade blivit intresserad och bett att få se och höra några scener. Och så kom det sig att Gerd, Ingrid och de andra i truppen fick delge självaste påven vad de ville uttrycka med sitt sångspel. De fick glädjas åt hans uppskattning, och de fick hans välsignelse.

Visa mig vägen och gör mig villig att följa den. En uppmaning som i vår av krig och terrorism oroade värld borde uppfattas som skaparens önskan om lugn, trygghet och lycka. För Johannes Paulus II var det detsamma som för Birgitta och Gerd och Bror. Det var renhet, ärlighet, osjälviskhet och kärlek för mänsklighetens skull. Det var lyssnande inåt på den intelligens som får livet i naturen inklusive människan att fungera som det gör och som kan anas om man kan stänga av världens surr. Och det var en önskan om förändring i den makt- och penningdrivna mänskligheten.

'Av jord är du kommen, jord skall du åter varda'. Det är en sats som har upprepats vid alla avsked från anhöriga och vänner som jag tvingats ta. Jag har inte tänkt på dess innebörd tidigare, men nu på ålderns höst har jag börjat göra det.

Vi har en liten köksträdgård, min fru och jag. Där kommer frön ner i jorden, och efter några dagar kommer små gröna blad upp som växer och får karaktär så att man kan se vad som är sallad och rädisor och morötter och potatis.

Så det växer!

Jag har just återhämtat mig efter att ha varit ute och klippt gräsmattan. Jag kan väl inte säga att den är tät och frodig, men det som växer, det växer fort. Speciellt maskrosorna. Och hallonen, som inte har velat stanna i hallonlandet utan sänt ut långa revlar till häckar och vinbärsbuskar och ut i gräsmattan. De har vuxit en meter på en vecka, och en och annan trasslar in sig i gräsklipparen. Det går fort att få dit dem, det tar tid att få bort dem. De får mig att pusta. Men också att le. Åt det förunderliga.

Av jord är du kommen.

Fröna som gett upphov till allt det gröna får plats i en pillerburk. Allt det andra är kommet av jord.

Hur har det gått till?

Jag tänker mig ett frö, två millimeter i diameter, nerpetat två centimeter i jorden. Det är näringsrik jord, berikad varje år sedan vi kom hit med kompostmylla och en säck kogödsel. Men dock bara jord. Och där ligger det lilla morotsfröet, som ett oansenligt sandkorn. Det har ingen hjärna att tänka med, inga ögon att se med, ingen näsa att känna lukter med. Men det finns någonting i det som vet att det har en uppgift. Det ska inte bara ligga där och multna. Det ska växa och bli en morot, och det ska använda jord som byggnadsmaterial. Och detta någonting vet precis vilka ämnen som behövs för att det ska växa ut stjälkar och blad och blommor, och för att det ska bli rötter som sväller ut till morötter. Och för att det ska bli rätt form och färg och lukt och smak på allting. Och det vet hur det ska dra till sig nödvändiga jordbeståndsdelar och hur det *i sitt minimala laboratorium* ska omvandla dem till exakt rätta byggnadsmaterial.

Hur går det till? Vi människor inbillar oss att människan är det intelligentaste av allt levande på jorden. Men skulle en människa kunna göra en morot av bara jord? Jag tänker mig att världens intelligentaste agronom ska försöka göra det. Han har en jordhink i den ena handen och önskar att han hade ett morotsfrö i den andra. Men det har han inte. Han har bara jorden. Han kliar sig i huvudet. Han tar ner en bok från bokhyllan, slår upp 'morot'. Läser. Kliar sig i huvudet igen. Så går han till sitt i jämförelse med morotsfröets *enorma laboratorium*, ställer jordhinken på en bänk och tittar på den. Gör så en timme. Går sedan till ett skåp och tar fram en flaska konjak. Stärker sig. Men blir inte klokare. Inte lika klok som ett morotsfrö.

Nog är det märkvärdigt.

Minst lika märkvärdigt tycker jag det är att det kan bli en människa av en befruktad äggcell. Utan tillgång till jord, men med matsmältningsvätska att hämta näring från. Äggcellen är ännu mindre än morotsfröet, men den har allt vetande som behövs för att omvandla matsmältningsvätskan till de proteiner och fetter som behövs för att få till en människokropp. Den vet allt om kroppens anatomi och fysiologi och hur den successivt ska bygga upp först en cellklump och sedan alla de olika typer av cellkombinationer som finns i ben, brosk, muskler, senor, ådror, nerver, hjärta, blodkroppar, lungor, lever, matsmältningsorgan, inresekretoriska körtlar, ögon, öron, hjärna – ja till och med hjärna med de femtio miljarder nervceller som en nyfödd baby har. Rätt form, rätt storlek, rätt läge. Allt det där klarar äggcellen av. Och den vet precis hur människan ska se ut, både som nyfödd och som vuxen. Den lever i totalt mörker, den har inga datorer att ta hjälp av, men den klarar av det.

Skulle en ingenjör kunna bygga en levande människa av bara matsmältningsvätska? I ett kolsvart rum.

Levande således, inte bara en kropp. En levande människa.

Det är det där med livet alltså.

Med dagens alla fantastiska hjälpmedel kanske det kan gå för ingenjören att tillverka och sätta ihop alla organ som måste finnas i en babykropp. Det skulle väl bli lite knåpigt att pilla ihop de femtio miljarderna hjärnceller, men inte ens det vore kanske omöjligt. En kropp kan han få till. Sedan återstår det där med livet, och då blir det svårare. Hur ska han bete sig för att göra alla kroppens celler levande? All kroppsvävnad måste ha ständig blodtillförsel för att ämnesomsättningen ska fungera. Annars dör den. Var ska han ta blod ifrån under själva tillverkningsproceduren, och hur ska det gå till? Jag tror faktiskt att han får lov att ge upp. Ingenjören måste erkänna sig besegrad av äggcellen.

Livets intelligens kontra människans.

Jag hörde en gång en nobelpristagare i medicin säga att intelligensen i varje cells DNA är högre än människohjärnans. Han sade det inte som en rolig historia, och ingen skrattade åt honom. De anatomikunniga därför att de visste vad DNA är för något, och de okunniga därför att de inte visste. Det är fråga om dubbelspiraler som blir flera meter långa om de dras ut och är fyllda med tusentals tätt packade rader med koder men som får rum i en för ögat icke skönjbar cell, och det låter så tokigt att man inte kan tro att det är sant. Ändå måste det vara riktigt. Det är fråga om det som ger människan utseende och karaktär. Och liv. Det är så kolossalt märkvärdigt att det är obegripligt.

Livet. Intelligensen i varje levande cell i varje levande organism. Den intelligens som man hos djuren brukar benämna 'instinkt'. Den intelligens som får biet som just krupit ur puppan att omedelbart flyga femtio eller hundra meter bort för att samla ihop nektar och därefter att veta åt vilket håll det ska flyga och hur det ska hitta den egna kupan. Den intelligens som får Emåns laxar att efter år av simmande hit och dit i Östersjön, utan att titta upp över vattenytan för att orientera sig, kunna navigera tillbaka till Emån och upp till det ställe där honorna ska tömma ut sin rom och där hannarna sedan exakt ska veta var de ska spruta sin mjölke. Den intelligens som talar om för flyttfåglarna när och hur de ska flytta söderut på hösten och när och hur de ska flyga tillbaka på våren.

Det talas om jordmagnetism och vindar och solstrålning. Ja, tala kan man. Låta sakkunning kan man. Fundera kan man inte låta bli att göra. Men förstå?

Livets intelligens.

I APRIL ÅTERVÄNDER SVALAN

*I april återvänder svalan till sitt fjolårsbo under takrännan på just
den ladan i just den socknen.
Hon flyger från Transvaal, passerar ekvatorn, flyger under sex
veckor över två kontinenter, styr mot just denna försvinnande
prick i landmassan.*

Tomas Tranströmer var diktare, han var bra på att hitta på, men
jag tror inte att han hittade på det han skrev om svalans flyttning.
Kanske han av områdena nere i Sydafrika valde Transvaal därför
att det har ett passande namn för svalor, men i övrigt har han sä-
kert varit noga med sakuppgifterna. Jag har kollat på nätet, och det
är helt rätt att insektsätare som fångar bytet i flykten övervintrar i
södra delen av Afrika där det är gott om mygg. Sex veckor för att
ta sig till Sverige stämmer nog, hundra mil per vecka, en bagatell
för en snabbflygare som svalan. Hur den hittar till just den rätta la-
dan i den rätta socknen i det rätta landet står inte förklarat på nä-
tet, men de som märker fåglar kan i varje fall intyga *att* den hittar.
Tranströmer talade inte om hur solen rör sig och var på himlen
den står i olika delar av Afrika och Europa, och han sade ingen-
ting om vindar och oväder och om svalkompassen som känner av
jordmagnetismen. Det han ville säga med sina diktrader var nog
bara att allt som har att göra med svalans resa från Transvaal till
sockenladan är något helt förunderligt.

En svala väger inte mycket – jag har en gång hållit en levan-
de svala i min hand och jag kände inte av någon tyngd – och dess
hjärna kan inte väga mer än ett gruskorn. Efter ett halvår i Trans-
vaal, hur mycket kan den minnas av ladan hemma i Sverige och
av gården som ladan hör till och av byn som gården ligger i och av
andra byar i trakten och av sjöar och berg och hav och öknar och

savanner och urskogar? Om jag vore en svala, hur skulle jag hitta från Transvaal till rätt lada i rätt by i Sverige? Utan säkert minne om hur jag flög hösten innan. Utan karta och med en kompass i huvudet som bara visar åt norr.

Hur skulle jag hitta den rätta ladan i den rätta byn i den rätta socknen i det rätta landskapet i det rätta landet? Hur skulle jag veta att det var Edsbyn jag skulle till? Edsbyn, byn i Voxnadalen i Hälsingland där min pappa växte upp och där jag tillbringade mina somrar på trettio- och fyrtiotalen. Och där de fåglar man kom att minnas var svalor som byggde bon under takutsprången.

Hur skulle jag hitta?

Om jag vore en svala, skulle jag kunna ge svar på den frågan då? Man kan fråga sig: Hur är det ställt med en svalas vetande och tänkande? Vad vet svalan om färdvägen till Edsbyn? Kan en svala planera sin resa?

Och man kan undra: Varför ska svalan flyga bort från Transvaal? Varför måste den tidigt i april lämna det trevliga svalalandet för att flyga långt långt bort till ett land som den har ytterst vaga minnen av? Varför lämna det säkra för det osäkra? Varför?

Ett svar kan vara att april är höstmånad i Transvaal. Vädret har blivit kyligare och de matnyttiga insekterna har blivit färre. Någonting i blodet driver svalorna att samlas i små flockar och flyga norrut. Och något kompassliknande i huvudet ger dem vägvisning.

Sexhundra mil att flyga. Det vet inte svalorna, men flygande är något helt naturligt för dem, och när de drivs av en längtan till sommarsol och mygg i ett svalornas paradis tröttas de inte av att flyga åt samma håll under lång tid. En sex veckors resa enligt Tomas Tranströmer, hundra mil i veckan, ungefär som jag kunde cykla under ungdomens utflykter. Ingen stress således, ingen medveten flyttresa.

Svalorna flyger över det som var Cecil Rhodes länder och de ser städer och byar och landsvägar och järnvägar. Men sådana saker är ointressanta för svalorna. Boskapshjordar och hjordar av vilda djur är intressantare, för de lockar till sig myggor och liknande insekter. Och sjöar och vattendrag, för de blänker så fint och de ger ilningar i kroppen av något, vad det nu kan vara. Sambesifloden är bred och mäktig, men den rinner åt fel håll. Nyasasjön däremot, den pekar åt solen, så det känns naturligt att flyga över den. Tanganyikasjön likaså, bred och oändligt lång. Solen skyms allt oftare av moln, men det känns rätt i huvudet att följa sjön. Det regnar i skogarna på vänstra sidan, tropiska urskogar med oerhört mycket regn. Och väldigt mycket insekter. Myggor i mängd. Men det regnar inte jämt, så en hel del svalor vågar ta vägen över urskogsgrönskan för myggornas skull. För att sedan flyga vidare längs kusten och över Gibraltar sund.

Men många svalor väljer flodens högra sida. Landet där börjar bli bergigt, men svalorna följer en dalgång där det rinner ett vattendrag som vidgar sig till sjöar här och var. Det är ett av Nilens källflöden, men vad Nilen är vet ingen svala. Det är rinnande vatten, det är det viktiga. Och det känns i huvudet att det rinner åt rätt håll. Landet är torrt, men det är grönt på stränderna, och där finns det mygg att stärka sig med. Det är en kolossalt lång flod, det tar ett par veckor att komma till änden. Sista dagen flyger svalorna över en stad med jättestora pyramider strax utanför, och sedan blir de yra i huvudet av att floden delar sig som en korumpa och de inte vet vilken hårtest de ska välja. Men de tar sig upp till Medelhavet, och sedan över Medelhavet, och över Turkiet, Bulgarien, Rumänien, Polen, Östersjön och in i Sverige.

Därefter återstår det svåraste, att hitta till den rätta ladan i den rätta socknen i det rätta landskapet. Jag ikläder mig en svalas skepnad. Jag befinner mig i Backåkra i södra Skåne. Där har jag varit som människa ett antal gånger och känner ganska väl till landskapet däromkring. Jag ska till ladan på åkern ner mot Voxnan utanför min fädernegård Ängs i Lillbo strax utanför Edsbyn i Hälsingland. Jag har bara min gruskornstora hjärna att tänka med. Jag har ingen karta. Jag har ett synnerligen diffust minne av landet vi flög över i höstas. Det var skogar, berg och dalar och sjöar, älvar och åar. Det ena skilde sig inte så mycket från det andra. Det var åkrar med lador, den ena den andra lik. Hur ska jag kunna hitta till ladan i Edsbyn? Jag vet ju inte ens att stället heter Edsbyn. Jag vet inte att gården heter Ängs. Jag har inte en aning om att det är dit jag ska. Jo, förresten, kanske en aning. En anings aning.

Och så har jag svalkompassen. Tack och lov.

Vi är en flock på kanske hundra svalor. Jag kan inte räkna, jag har inga fingrar att räkna på, men hundra är ett stort tal, och vi är många. Tusen kanske, det är också ett stort tal. Vi lyfter, vi sätter fart. Vi ser havet, men det har vi redan flugit över, så vi tar motsatt riktning. Flocken är gles och jag ser landskapet under mig. Mest åkrar i början, sedan mest skog. Skog, skog, skog. Små torp här och var. Men så ljusnar det. Vi har kommit till en sjö. En lång sjö, så lång så att man inte ser andra änden. Men man ser stränderna på båda sidorna. Och man ser en jättestor ö, ett högt berg på högra sidan och bakom det en stad med ett slott strax utanför.

Sjön tar slut, och så är det skog igen. Någon sjö, något åkerlandskap, och så skog.

Det har ljusnat i flocken. Vi är inte lika många längre. Undan för undan har vi visslat farväl till dem som tyckt sig passa för just den socknen de kommit in över och just den ladan där borta i skogskanten. I kanten av en stor sjö ser vi en stad som börjar med en jättestor grop med en uv som sitter och ugglar på en klippkant och som slutar med några konstiga smala torn med lutande buktiga tak som är delade halvvägs ner. Vi följer en serie sjöar där flera av oss tycker att det ser trevligt ut och stannar. Sedan är det skog så långt ögat når, men vi fladdrar på med vingarna och snart öppnar sig landskapet igen. Det är ett brett område med åkrar och ängar och små sjöar och tjärnar och sankmarker och en ringlande älv, och det gör ingenting att det är en stor by mitt i, för det luktar mygg här på ett alldeles speciellt sätt. Det känns som myggornas paradis på jorden. Det gör så fantastiskt gott i själen eller vad det nu är som jag har i huvudet, och jag känner att här vill jag stanna.

Detta är svalornas land, det känner alla vi som återstår av flocken. Vi flyger åt olika håll. Själv håller jag åt vänster för att slippa fabrikerna i byn som skrämmer bort alla myggor. Jag följer älven åt det håll där solen står så här sent på dagen. Den gör tvära vändningar, några hundra meter åt ett håll och några hundra meter åt ett annat, och den nästan omringar en tjärn som ligger inte långt från en bondgård och skulle kunna kallas Gårdstjärn. Det är myrmark runt omkring, och myggor fyller luften. Det kittlar i mig av upphetsning, jag drar med mig en svalhona och vi flyger hit och dit för att hitta en lada i närheten med en lämplig takränna som vi skulle kunna bygga bo under. Och se! På åkern ner mot älven där står en lada och väntar. Just den rätta ladan. Och då måste det ju vara den rätta byn också. Edsbyn, som människor säger. Men för en svala finns inga namn. Det går så bra att hitta ändå. Och nu är vi alltså framme.

Så ja. Det gick ju bra det där. Så enkelt!

Frågan är förstås om jag lyckats leva mig in i en svalas liv och leverne på ett för en ornitolog tillfredsställande sätt. Jag vet inte hur svalor bär sig åt för att hitta rätt plats. Voxna-dalen är många mil lång. Den är bred och där finns gårdar i mängd, den ena den andra lik. Ointressant för svalor, som lockas mer av myggor än av människoboningar. Myggor lockas av människoblod, men de lever sitt barndomsliv i stillastående vatten, och vill man bli hugsvalad av myggor ska man söka sig till miljöer med skogstjärnar, myrar och mossar i närheten. För svalors del gärna till bondgårdar med ladugård, stall och svinstia och gödselhög och lador med takrännor som man kan bygga bo under.

Sådana finns så många! Åtminstone under min barndomstid på trettiotalet var det gård efter gård med bara några hundra meter emellan, smågårdar med fem till tio kor som fick vara ute på bete under hela den gröna årstiden, hemma eller i fäbodarna. Inga traktorer, en häst som drog slåttermaskin och släpräfsa. Hässjor. En lada på varje åker dit hästen drog det torkade höet. Barn som trampade hö. Mygg i massor. Svalor som svischade förbi med öppna näbbar.

Och nu till frågan: Hur kom de dit? Hur kom svalan som jag följt från Transvaal dit? Inte bara till en passande lada, utan *till sitt fjolårsbo under takrännan på just den ladan i just den socknen.* Hur kunde den hitta till *just denna försvinnande prick i landmassan?* Ornitologer har kunnat fastställa att svalor faktiskt kommer tillbaka till det bo de byggde sommaren innan. Sex hundra mil från Transvaal till Edsbyn. Fram till Sydsverige kanske de delvis väggleddes av jordmagnetismen. Men hur visste de vart de skulle? Vem, vilka eller vad var det som angav riktningen under resan? Och vad var det i den försvinnande pricken i skogslandet Sverige som sög till sig Ängs-svalan till just den rätta ladan på den rätta åkern?

En två- eller treårig svala. Hur mycket kan man begära av ett två- eller treårigt människobarn? Vad krävs av en vuxen människa för att utan flygbiljett, pengar och karta ta sig från Sydafrika till Sverige? Vad skulle krävas av henne om hon hade vingar att flyga med? Hur mycket kunskaper och intelligens skulle hon behöva?

Den två- eller treåriga svalan klarar det. Och den klarar att hitta den försvinnande pricken i de svenska skogarna.

Vad är det som ger den vetskap? Vad är det som leder den? Vad är det som styr den? Vad är det som hjälper den att hitta rätt prick bland flera miljoner prickar?

*

Är det dumt att tänka sig en intelligens som inte är av organisk art men som finns i varje levande cell? Är det dumt att tänka att den intelligensen är själva livet, och att det är den som ger fåglar och insekter deras instinkt och dirigerar människokroppens olika organ?

Och kan det vara dumt att tänka att allt levandes intelligens håller ihop och bildar något som påminner om internet och som kanske skulle kunna kallas livets internet? Kan det i så fall vara dumt att tänka sig ett liv efter detta? Då lever det som ger livet i cellerna vidare när det organiska dör.

Hallå, Ingemar Hedenius! Om det är som jag tror så finns du i det livets internet som omger mig, och då hör du mig nu och kan svara. Nu har du allt vetande och kan tala om för mig om det är rätt att den intelligens som finns i cellerna och som gör den befruktade äggcellen i stånd att utveckla en färdig människa lever vidare efter det organiska livets död och förenas med livets internet. Hallå Ingemar, hallå!

Han svarar inte.

Jag kanske måste ropa högre. INGEMAR! HÖR DU MIG? HAL-LÅ!

Det hjälper inte. Han svarar inte.

Kanske är det med Ingemar som med Gud att han inte svarar när man ber honom svara. I varje fall inte så att man hör med sin organiska hörselapparat.

Kanske man hör bättre om man kopplar av den. Kanske det ligger något i det som Dag Hammarskjöld hade som motto för sina vägmärken: *Endast den hand som stryker ut kan skriva det rätta.* Kanske det är som Hammarskjölds läromäster Eckhardt lärde, att Gud bara kan födas i människans själ om hon stryker ut allt det som kan uppfattas med mänskligt förstånd och mänskliga sinnen. Gud finns djupt där inne, menade han, men man måste rena sig från det av hjärna och sinnen styrda för att bli i stånd att höra honom.

Koppla av hjärnan?

Nej!

Hammarskjöld och Eckhardt kunde inte mena att vi ska koppla av den dyrbaraste gåvan som Skaparen har försett oss med: förmågan att tänka. Kanske de menade att vi inte ska tänka precis så som lagar och regler befaller och så som vi blir påverkade av föräldrar och lärare och kamrater och tidningar och TV och propaganda, utan att vi ska använda vårt förnuft på bästa sätt och tänka själva. Och vara medvetna om att den intelligens som finns i morotsfrön och befruktade människoäggceller också finns i allt annat levande och att man, om man gör det till en vana att stilla sig och lyssna inåt, kan få impulser som känns moraliskt rena, utan allt mänskligt grums.

De fem stråkarna säger att vi kan lita på någonting annat.
  På vad? På någonting annat – – –